T&P BOOKS

CHECHENO

VOCABULÁRIO

PALAVRAS MAIS ÚTEIS

PORTUGUÊS CHECHENO

Para alargar o seu léxico e apurar
as suas competências linguísticas

3000 palavras

Vocabulário Português-Checheno - 3000 palavras

Por Andrey Taranov

Os vocabulários da T&P Books destinam-se a ajudar a aprender, a memorizar, e a rever palavras estrangeiras. O dicionário é dividido em temas, cobrindo todas as principais esferas de atividades quotidianas, negócios, ciência, cultura, etc.

O processo de aprendizagem, utilizando os dicionários baseados em temáticas da T&P Books dá-lhe as seguintes vantagens:

- Informação de origem corretamente agrupada predetermina o sucesso em fases subsequentes da memorização de palavras
- Disponibilização de palavras derivadas da mesma raiz, o que permite a memorização de unidades de texto (em vez de palavras separadas)
- Pequenas unidades de palavras facilitam o processo de estabelecimento de vínculos associativos necessários para a consolidação do vocabulário
- O nível de conhecimento da língua pode ser estimado pelo número de palavras aprendidas

T&P Books Publishing
www.tpbooks.com

ISBN: 978-1-78400-970-0

Este livro também está disponível em formato E-book.
Por favor visite www.tpbooks.com ou as principais livrarias on-line.

VOCABULÁRIO CHECHENO
palavras mais úteis

Os vocabulários da T&P Books destinam-se a ajudar a aprender, a memorizar, e a rever palavras estrangeiras. O vocabulário contém mais de 3000 palavras de uso comum organizadas tematicamente.

O vocabulário contém as palavras mais comummente usadas
Recomendado como adicional para qualquer curso de línguas
Satisfaz as necessidades dos iniciados e dos alunos avançados de línguas estrangeiras
Conveniente para o uso diário, sessões de revisão e atividades de auto-teste
Permite avaliar o seu vocabulário

Características especias do vocabulário

- As palavras estão organizadas de acordo com o seu significado, e não por ordem alfabética
- As palavras são apresentadas em três colunas para facilitar os processos de revisão e auto-teste
- As palavras compostas são divididas em pequenos blocos para facilitar o processo de aprendizagem
- O vocabulário oferece uma transcrição simples e adequada de cada palavra estrangeira

O vocabulário contém 101 tópicos incluindo:

Conceitos básicos, Números, Cores, Meses, Estações do ano, Unidades de medida, Roupas & Acessórios, Alimentos & Nutrição, Restaurante, Membros da Família, Parentes, Caráter, Sentimentos, Emoções, Doenças, Cidade, Passeios, Compras, Dinheiro, Casa, Lar, Escritório, Trabalho no Escritório, Importação & Exportação, Marketing, Pesquisa de Emprego, Desportos, Educação, Computador, Internet, Ferramentas, Natureza, Países, Nacionalidades e muito mais ...

TABELA DE CONTEÚDOS

GUIA DE PRONUNCIAÇÃO

Letra	Exemplo Checheno	Alfabeto fonético T&P	Exemplo Português
A a	самадала	[ɑ:]	rapaz
Аь аь	аьртадала	[æ:], [æ]	primavera
Б б	биллиард	[b]	barril
В в	ловзо кехат	[v]	fava
Г г	горгал	[g]	gosto
ГӀ гӀ	жиргӀа	[ɣ]	agora
Д д	дӀаала	[d]	dentista
Е е	кевнахо	[e], [ɛ]	mover
Ё ё	боксёр	[jo:], [ɜ:]	ioga
Ж ж	мужалтах	[ʒ]	talvez
З з	ловза	[z]	sésamo
И и	сирла	[ı], [i]	sinónimo
Й й	лийча	[j]	géiser
К к	секунд	[k]	kiwi
Кх кх	кхиорхо	[q]	teckel
Къ къ	юккъе	[q]	[q] tensionada
КӀ кӀ	кӀайн	[k]	[k] tensionada
Л л	лаьстиг	[l]	libra
М м	Марша Ӏайла	[m]	magnólia
Н н	Хьанна?	[n]	natureza
О о	модельхо	[o], [ɔ]	noite
Оь оь	пхоьлгӀа	[ø]	orgulhoso
П п	пхийтта	[p]	presente
ПӀ пӀ	пӀераска	[p]	[p] tensionada
Р р	борзанан	[r]	riscar
С с	сандалеш	[s]	sanita
Т т	туьйдарг	[t]	tulipa
ТӀ тӀ	тӀормиг	[t]	[t] tensionada
У у	тукар	[u:]	blusa
Уь уь	уьш	[y]	questionar
Ф ф	футбол	[f]	safári
Х х	хьехархо	[h]	[h] suave
Хь хь	дагахь	[h], [x]	[h] suave
ХӀ хӀ	хӀордахо	[h]	[h] aspirada
Ц ц	мацахлера	[ts]	tsé-tsé
ЦӀ цӀ	цӀубдар	[ts]	tsé-tsé
Ч ч	лечкъо	[tʃ]	Tchau!
ЧӀ чӀ	чӀоргӀа	[tɕ]	[tch] tensionado
Ш ш	шахматаш	[ʃ]	mês
Щ щ	цергийг щётка	[ɕ]	shiatsu
ъ	къонза	[ʰ]	sinal forte

Letra	Exemplo Checheno	Alfabeto fonético T&P	Exemplo Português
ы	лыжаш хехка	[ı]	sinónimo
ь	доьзал	[ʼ]	sinal suave
Э э	эшар	[e]	metal
Ю ю	юхадала	[y]	questionar
Юь юь	юьхьенца	[ju], [juː]	nacional
Я я	цӀанъян	[ɑ]	Himalaias
Яь яь	яьшка	[jæ]	folheto
Ӏ Ӏ	Ӏамо	[ə]	milagre

ABREVIATURAS
usadas no vocabulário

Abreviaturas do Português

adj	-	adjetivo
adv	-	advérbio
anim.	-	animado
conj.	-	conjunção
desp.	-	desporto
etc.	-	etecetra
ex.	-	por exemplo
f	-	nome feminino
f pl	-	feminino plural
fem.	-	feminino
inanim.	-	inanimado
m	-	nome masculino
m pl	-	masculino plural
m, f	-	masculino, feminino
masc.	-	masculino
mat.	-	matemática
mil.	-	militar
pl	-	plural
prep.	-	preposição
pron.	-	pronome
sb.	-	sobre
sing.	-	singular
v aux	-	verbo auxiliar
vi	-	verbo intransitivo
vi, vt	-	verbo intransitivo, transitivo
vr	-	verbo reflexivo
vt	-	verbo transitivo

CONCEITOS BÁSICOS

1. Pronomes

eu	со	[sɔ]
tu	хьо	[hɔ]
ele, ela	иза	[ɪz]
nós	вай	[vɑj]
vocês	шу	[ʃu]
eles, elas	уьш	[ʉʃ]

2. Cumprimentos. Saudações

Olá!	Маршалла ду хьоьга!	[marʃall du høg]
Bom dia! (formal)	Маршалла ду шуьга!	[marʃall du ʃʉg]
Bom dia! (de manhã)	Iуьйре дика хуьлда!	['ujre dɪk hʉld]
Boa tarde!	Де дика хуьлда!	[de dɪk hʉld]
Boa noite!	Суьйре дика хуьлда!	[sʉjre dɪk hʉld]
cumprimentar (vt)	салам дала	[salam dal]
Olá!	Маршалла ду хьоьга!	[marʃall du høg]
saudação (f)	маршалла,	[marʃall],
	маршалла хаттар	[marʃall hattar]
saudar (vt)	маршалла хатта	[marʃall hatt]
Como vai?	Муха ду гӀуллакхш?	[muha du ɣullaqʃ]
O que há de novo?	ХӀун ду керла?	[h'un du kerl]
Até à vista!	Марша Iайла!	[marʃ 'ajl]
Até breve!	Iодика хуьлда!	['ɔdɪk hʉljd]
Adeus! (sing.)	Iодика йойла хьа!	['ɔdɪk jojl ha]
Adeus! (pl)	Iодика йойла шунна!	['ɔdɪk jojl ʃunn]
despedir-se (vr)	Iодика ян	['ɔdɪk jan]
Até logo!	Iодика йойла!	['ɔdɪk jojl]
Obrigado! -a!	Баркалла!	[barkall]
Muito obrigado! -a!	Доаккха баркалла!	[dɔakq barkall]
De nada	ХӀума дац!	[h'um dats]
Não tem de quê	ХӀума дац!	[h'um dats]
De nada	ХӀума дац!	[h'um dats]
Desculpa!	Бехк ма билл!	[behk ma bɪll]
Desculpe!	Бехк ма биллалаш!	[behk ma bɪllalaʃ]
desculpar (vt)	бехк ца билла	[behk tsa bɪll]
desculpar-se (vr)	бехк цабиллар деха	[behk tsabɪllar deh]
As minhas desculpas	Суна бехк ма биллалаш!	[sun behk m bɪllalaʃ]
Desculpe!	Бехк ма биллаш!	[behk ma bɪllaʃ]

perdoar (vt)	бехк цабиллар	[behk tsabıllar]
Não se esqueça!	Диц ма ло!	[dıts ma lɔ]
Certamente! Claro!	Дера!	[der]
Claro que não!	Дера дац!	[der dats]
Está bem! De acordo!	Реза ву!	[rez vu]
Basta!	Тоьур ду!	[tøur du]

3. Questões

Quem?	Мила?	[mıl]
Que?	ХӀун?	[h'un]
Onde?	Мичахь?	[mıtʃah]
Para onde?	Мича?	[mıtʃ]
De onde?	Мичара?	[mıtʃar]
Quando?	Маца?	[mats]
Para quê?	Стенна?	[stenn]
Porquê?	ХӀунда?	[h'und]

Para quê?	Стенан?	[stenan]
Como?	Муха?	[muha]
Qual?	Муьлха?	[mɨlha]
Qual? (entre dois ou mais)	МасалгӀа?	[masalɣ]

A quem?	Хьанна?	[hann]
Sobre quem?	Хьанах лаьцна?	[hanah lætsn]
Do quê?	Стенах лаьцна?	[stenah lætsn]
Com quem?	Хьаьнца?	[hænts]

Quantos? -as?	Маса?	[mas]
Quanto?	Мел?	[mel]
De quem? (masc.)	Хьенан?	[henan]

4. Preposições

com (prep.)	цхьан	[tshan]
sem (prep.)	доцуш	[dɔtsuʃ]
a, para (exprime lugar)	чу	[tʃu]
antes de ...	хьалха	[halh]
diante de ...	хьалха	[halh]

sob (debaixo de)	кӀел	[k'el]
sobre (em cima de)	тӀехула	[t'ehul]
sobre (~ a mesa)	тӀехь	[t'eh]
dentro de (~ dez minutos)	даьлча	[dæltʃ]
por cima de ...	хула	[hul]

5. Palavras funcionais. Advérbios. Parte 1

| Onde? | Мичахь? | [mıtʃah] |
| aqui | хьоккхузахь | [hɔkquzah] |

lá, ali	цигахь	[tsɪgah]
em algum lugar	цхьанхьа-м	[tshanha m]
em lugar nenhum	цхьаннахьа а	[tshannah a]

| ao pé de ... | уллехь | [ulleh] |
| ao pé da janela | кора уллехь | [kɔr ulleh] |

Para onde?	Мича?	[mɪtʃ]
para cá	кхузахь	[quzah]
para lá	цига	[tsɪg]
daqui	хӀоккхузара	[h'ɔkquzar]
de lá, dali	цигара	[tsɪgar]

| perto | герга | [gerg] |
| longe | гена | [gen] |

perto de ...	улло	[ullɔ]
ao lado de	юххе	[juhe]
perto, não fica longe	гена доцу	[gen dɔtsu]

esquerdo	аьрру	[ærru]
à esquerda	аьрру аӀорхьара	[ærru aɣɔrhar]
para esquerda	аьрру аӀор	[ærru aɣɔr]

direito	аьтту	[ættu]
à direita	аьтту аӀорхьара	[ættu aɣɔrhar]
para direita	аьтту аӀор	[ættu aɣɔr]

à frente	хьалха	[halh]
da frente	хьалхара	[halhar]
em frente (para a frente)	хьалха	[halh]

atrás de ...	тӀехьа	[t'eh]
por detrás (vir ~)	тӀаьхьа	[t'æh]
para trás	юхо	[juho]

| meio (m), metade (f) | юкъ | [juq?] |
| no meio | юккъе | [jukq?e] |

de lado	аӀор	['aɣɔr]
em todo lugar	массанхьа	[massanh]
ao redor (olhar ~)	гонаха	[gɔnah]

de dentro	чухула	[tʃuhul]
para algum lugar	цхьанхьа	[tshanh]
diretamente	нийсса дӀа	[nɪ:ss d'a]
de volta	юха	[juh]

| de algum lugar | миччара а | [mɪtʃar a] |
| de um lugar | цхьанхьара | [tshanhar] |

em primeiro lugar	цкъа-делахь	[tsq?a delah]
em segundo lugar	шолгӀа-делахь	[ʃɔlɣ delah]
em terceiro lugar	кхоалгӀа-делахь	[qɔalɣ delah]
de repente	цӀеххьана	[ts'ehan]
no início	юьхьенца	[juhents]

pela primeira vez	дуьххьара	[dʉhar]
muito antes de …	хьалххе	[halhe]
de novo, novamente	юха	[juh]
para sempre	гуттаренна	[guttarenn]

nunca	цкъа а	[tsqʔa 'a]
de novo	кхин цкъа а	[qɪn tsqʔ]
agora	хӀинца	[h'ɪnts]
frequentemente	кест-кеста	[kest kest]
então	хӀетахь	[h'etah]
urgentemente	чехка	[tʃehk]
usualmente	нехан санна	[nehan sann]

a propósito, …	шен метта	[ʃen mett]
é possível	тарлун ду	[tarlun du]
provavelmente	хила мегаш хила	[hɪl megaʃ hɪl]
talvez	хила мега	[hɪl meg]
além disso, …	цул совнаха, …	[tsul sɔvnaha]
por isso …	цундела	[tsundel]
apesar de …	делахь а …	[delah a …]
graças a …	бахьана долуш …	[bahan dɔluʃ]

que (pron.)	хӀун	[h'un]
que (conj.)	а	['a]
algo	цхьаъ-м	[tshaʔ m]
alguma coisa	цхьа хӀума	[tsha hum]
nada	хӀумма а дац	[h'umm a dats]

quem	мила	[mɪl]
alguém (~ teve uma ideia …)	цхьаъ	[tshaʔ]
alguém	цхьаъ	[tshaʔ]

ninguém	цхьа а	[tsha a]
para lugar nenhum	цхьанххьа а	[tshanh a]
de ninguém	цхьаьннан а	[tshænnan a]
de alguém	цхьаьннан	[tshænnan]

tão	иштта	[ɪʃtt]
também (gostaria ~ de …)	санна	[sann]
também (~ eu)	а	['a]

6. Palavras funcionais. Advérbios. Parte 2

Porquê?	ХӀунда?	[h'und]
por alguma razão	цхьанна-м	[tshanna m]
porque …	цундела	[tsundel]
por qualquer razão	цхьана хӀуманна	[tshan humann]

e (tu ~ eu)	а-а	[ə- ə]
ou (ser ~ não ser)	я	[ja]
mas (porém)	амма	[amm]

| demasiado, muito | дукха | [duq] |
| só, somente | бен | [ben] |

exatamente	нийсса	[nɪːss]
cerca de (~ 10 kg)	герга	[gerg]
aproximadamente	герггарчу хьесапехь	[gerggartʃu hesapeh]
aproximado	герггарчу хьесапера	[gerggartʃu hesaper]
quase	гергга	[gergg]
resto (m)	бухадиснарг	[buhadɪsnɑrg]
cada	хӏоп	[h'ɔr]
qualquer	муьлхха а	[mʉlha]
muito	дукха	[duq]
muitas pessoas	дуккха а	[dukq ɑ]
todos	дерриг	[derrɪg]
em troca de ...	цхьана ... хийцина	[tshɑn hɪːtsɪn]
em troca	метта	[mett]
à mão	куьйга	[kʉjg]
pouco provável	те	[te]
provavelmente	схьахетарехь	[shɑhetɑreh]
de propósito	хуъушехь	[hy?uʃəh]
por acidente	ларамаза	[lɑrɑmɑz]
muito	чӏоарла	[tʃ'ɔ'ɑɣ]
por exemplo	масала	[mɑsɑl]
entre	юккъехь	[jukq?eh]
entre (no meio de)	юккъехь	[jukq?eh]
especialmente	къасттина	[q?asttɪn]

NÚMEROS. DIVERSOS

7. Números cardinais. Parte 1

zero	ноль	[nɔlj]
um	цхьаъ	[ʦhaʔ]
dois	шиъ	[ʃɪʔ]
três	кхоъ	[qɔʔ]
quatro	диъ	[dɪʔ]
cinco	пхиъ	[phɪʔ]
seis	ялх	[jalh]
sete	ворхӀ	[vɔrh']
oito	бархӀ	[barh']
nove	исс	[ɪss]
dez	итт	[ɪtt]
onze	цхьайтта	[ʦhajtt]
doze	шийтта	[ʃɪːtt]
treze	кхойтта	[qɔjtt]
catorze	дейтта	[dejtt]
quinze	пхийтта	[phɪːtt]
dezasseis	ялхитта	[jalhɪtt]
dezassete	вуьрхӀитта	[vurh'ɪtt]
dezoito	берхӀитта	[berh'ɪtt]
dezanove	ткъесна	[tqʔesn]
vinte	ткъа	[tqʔa]
vinte e um	ткъе цхьаъ	[tqʔe ʦhaʔ]
vinte e dois	ткъе шиъ	[tqʔe ʃɪ]
vinte e três	ткъе кхоъ	[tqʔe qɔ]
trinta	ткъе итт	[tqʔe ɪtt]
trinta e um	ткхе цхьайтта	[tqe ʦhajtt]
trinta e dois	ткъе шийтта	[tqʔe ʃɪːtt]
trinta e três	ткъе кхойтта	[tqʔe qɔjtt]
quarenta	шовзткъа	[ʃɔvztqʔ]
quarenta e um	шовзткъе цхьаъ	[ʃɔvztqʔe ʦhaʔ]
quarenta e dois	шовзткъе шиъ	[ʃɔvztqʔe ʃɪ]
quarenta e três	шовзткъе кхоъ	[ʃɔvztqʔe qɔ]
cinquenta	шовзткъе итт	[ʃɔvztqʔe ɪtt]
cinquenta e um	шовзткъе цхьайтта	[ʃɔvztqʔe ʦhajtt]
cinquenta e dois	шовзткъе шийтта	[ʃɔvztqʔe ʃɪːtt]
cinquenta e três	шовзткъе кхойтта	[ʃɔvztqʔe qɔjtt]
sessenta	кхузткъа	[quztqʔ]
sessenta e um	кхузткъе цхьаъ	[quztqʔe ʦhaʔ]

| sessenta e dois | кхузткъе шиъ | [quztq?e ʃɪ?] |
| sessenta e três | кхузткъе кхоъ | [quztq?e qɔ?] |

setenta	кхузткъа итт	[quztq? ɪtt]
setenta e um	кхузткъе цхьайтта	[quztq?e tshajtt]
setenta e dois	кхузткъе шийтта	[quztq?e ʃɪːtt]
setenta e três	кхузткъе кхойтта	[quztq?e qɔjtt]

oitenta	дезткъа	[deztq?]
oitenta e um	дезткъе цхьаъ	[deztq?e tsha?]
oitenta e dois	дезткъе шиъ	[deztq?e ʃɪ]
oitenta e três	дезткъе кхоъ	[deztq?e qɔ]

noventa	дезткъа итт	[deztq? ɪtt]
noventa e um	дезткъе цхьайтта	[deztq?e tshajtt]
noventa e dois	дезткъе шийтта	[deztq?e ʃɪːtt]
noventa e três	дезткъе кхойтта	[deztq?e qɔjtt]

8. Números cardinais. Parte 2

cem	бle	[b'e]
duzentos	ши бle	[ʃɪ b'e]
trezentos	кхо бle	[qɔ b'e]
quatrocentos	диъ бle	[dɪ? b'e]
quinhentos	пхи бle	[phɪ b'e]

seiscentos	ялх бle	[jalh b'e]
setecentos	ворхl бle	[vɔrh' b'e]
oitocentos	бархl бle	[barh' b'e]
novecentos	исс бle	[ɪss b'e]

mil	эзар	[ɛzar]
dois mil	ши эзар	[ʃɪ ɛzar]
três mil	кхо эзар	[qɔ ɛzar]
dez mil	итт эзар	[ɪtt ɛzar]
cem mil	бle эзар	[b'e 'ɛzar]
um milhão	миллион	[mɪllɔn]
mil milhões	миллиард	[mɪllɪard]

9. Números ordinais

primeiro	хьалхара	[halhar]
segundo	шолгlа	[ʃɔlɣ]
terceiro	кхоалгlа	[qɔalɣ]
quarto	доьалгlа	[dø'alɣ]
quinto	пхоьлгlа	[phølɣ]

sexto	йолхалгlа	[jolhalɣ]
sétimo	ворхlалгlа	[vɔrh'alɣ]
oitavo	бархlалгlа	[barh'alɣ]
nono	уьссалгlа	[ʉssalɣ]
décimo	итталгlа	[ɪttalɣ]

CORES. UNIDADES DE MEDIDA

10. Cores

cor (f)	бос	[bɔs]
matiz (m)	амат	[amat]
tom (m)	бос	[bɔs]
arco-íris (m)	стелалад	[stelaˈad]
branco	кӀайн	[kˈajn]
preto	ӏаьржа	[ˈærʒ]
cinzento	сира	[sɪr]
verde	баьццара	[bætsar]
amarelo	можа	[mɔʒ]
vermelho	цӏен	[tsˈen]
azul	сийна	[sɪːn]
azul claro	сийна	[sɪːn]
rosa	сирла-цӏен	[sɪrl tsˈen]
laranja	цӏехо-можа	[tsˈeho mɔʒ]
violeta	цӏехо-сийна	[tsˈeho sɪːn]
castanho	боьмаша	[bømaʃ]
dourado	дашо	[daʃo]
prateado	детиха	[detɪh]
bege	бежеви	[beʒewɪ]
creme	беда-можа	[bed mɔʒ]
turquesa	бирюзан бос	[bɪrʉzan bɔs]
vermelho cereja	баьллийн бос	[bællɪːn bɔs]
lilás	сирла-сийна	[sɪrl sɪːn]
carmesim	камарийн бос	[kamarɪːn bɔs]
claro	сирла	[sɪrl]
escuro	ӏаьржа	[ˈærʒ]
vivo	къегина	[qʔegɪn]
de cor	бесара	[besar]
a cores	бос болу	[bɔs bɔlu]
preto e branco	кӀайн-ӏаьржа	[kˈajn ˈærʒ]
unicolor	цхьана бесара	[tshan besar]
multicor	бес-бесара	[bes besar]

11. Unidades de medida

peso (m)	дозалла	[dɔzall]
comprimento (m)	йохалла	[johall]

largura (f)	шоралла	[ʃɔrall]
altura (f)	лакхалла	[laqall]
profundidade (f)	кӏоргалла	[k'ɔrgall]
volume (m)	дукхалла	[duqall]
área (f)	майда	[majd]

grama (m)	грамм	[gramm]
miligrama (m)	миллиграмм	[mɪllɪgramm]
quilograma (m)	килограмм	[kɪlɔgramm]
tonelada (f)	тонна	[tɔn]
libra (453,6 gramas)	герка	[gerk]
onça (f)	унци	[unʦɪ]

metro (m)	метр	[metr]
milímetro (m)	миллиметр	[mɪllɪmetr]
centímetro (m)	сантиметр	[santɪmetr]
quilómetro (m)	километр	[kɪlɔmetr]
milha (f)	миля	[mɪlj]

polegada (f)	дюйм	[dɥjm]
pé (304,74 mm)	фут	[fut]
jarda (914,383 mm)	ярд	[jard]

metro (m) quadrado	квадратни метр	[kvadratnɪ metr]
hectare (m)	гектар	[gektar]

litro (m)	литр	[lɪtr]
grau (m)	градус	[gradus]
volt (m)	вольт	[vɔljt]
ampere (m)	ампер	[amper]
cavalo-vapor (m)	говран ницкъ	[gɔvran nɪʦq?]

quantidade (f)	дукхалла	[duqall]
um pouco de …	кӏезиг	[k'ezɪg]
metade (f)	ах	[ah]
dúzia (f)	цӏов	[ʦ'ɔv]
peça (f)	цхьаъ	[ʦha?]

dimensão (f)	барам	[baram]
escala (f)	масштаб	[masʃtab]

mínimo	уггар кӏезиг	[uggar k'ezɪg]
menor, mais pequeno	уггара кӏезигаха долу	[uggar k'ezɪgaha dɔlu]
médio	юккъера	[jukqʔer]
máximo	уггар дукха	[uggar duq]
maior, mais grande	уггара дукхаха долу	[uggar duqaha dɔlu]

12. Recipientes

boião (m) de vidro	банка	[bank]
lata (~ de cerveja)	банка	[bank]
balde (m)	ведар	[wedar]
barril (m)	боьшка	[bøʃk]
bacia (~ de plástico)	тас	[tas]

tanque (m)	бак	[bɑk]
cantil (m) de bolso	фляжк	[fljaʒk]
bidão (m) de gasolina	канистр	[kanɪstr]
cisterna (f)	цистерна	[tsɪstern]

caneca (f)	кружка	[kruʒk]
chávena (f)	кад	[kad]
pires (m)	бошхап	[boʃhap]
copo (m)	стака	[stɑk]
taça (f) de vinho	кад	[kad]
panela, caçarola (f)	яй	[jɑj]

| garrafa (f) | шиша | [ʃɪʃ] |
| gargalo (m) | бертиг | [bertɪg] |

jarro, garrafa (f)	сурийла	[surɪːl]
jarro (m) de barro	кӏудал	[k'udal]
recipiente (m)	пхьерла	[pheɣ]
pote (m)	кхаба	[qab]
vaso (m)	ваза	[vaz]

frasco (~ de perfume)	флакон	[flakɔn]
frasquinho (ex. ~ de iodo)	шиша	[ʃɪʃ]
tubo (~ de pasta dentífrica)	тюбик	[tʉbɪk]

saca (ex. ~ de açúcar)	гали	[galɪ]
saco (~ de plástico)	пакет	[paket]
maço (m)	ботт	[bɔtt]

caixa (~ de sapatos, etc.)	гӏутакх	[ɣutaq]
caixa (~ de madeira)	яьшка	[jæʃk]
cesta (f)	тускар	[tuskar]

VERBOS PRINCIPAIS

13. Os verbos mais importantes. Parte 1

abrir (vt)	схьаделла	[shadell]
acabar, terminar (vt)	чекхдаккха	[tʃeqdakq]
aconselhar (vt)	хьехам бан	[heham ban]
adivinhar (vt)	хаа	[ha'a]
advertir (vt)	дӏахьедан	[d'ahedan]
ajudar (vt)	гӏо дан	[ɣɔ dan]
almoçar (vi)	делкъана хӏума яа	[delq?an h'um ja'a]
alugar (~ um apartamento)	лаца	[lats]
amar (vt)	деза	[dez]
ameaçar (vt)	кхерам тийса	[qeram tɪ:s]
anotar (escrever)	дӏаяздан	[d'ajazdan]
apanhar (vt)	леца	[lets]
apressar-se (vr)	сихдала	[sɪhdal]
arrepender-se (vr)	дагахьбаллам хила	[dagahballam hɪl]
assinar (vt)	куьг таӏо	[kʉg ta'ɔ]
atirar, disparar (vi)	кхийса	[qɪ:s]
brincar (vi)	забарш ян	[zabarʃ jan]
brincar, jogar (crianças)	ловза	[lɔvz]
buscar (vt)	леха	[leh]
caçar (vi)	талла эха	[tall ɛh]
cair (vi)	охьаэга	[ɔhaeg]
cavar (vt)	ахка	[ahk]
cessar (vt)	дӏасацо	[d'asatsɔ]
chamar (~ por socorro)	кхайкха	[qajq]
chegar (vi)	дан	[dan]
chorar (vi)	делха	[delh]
começar (vt)	доло	[dɔlɔ]
comparar (vt)	дуста	[dust]
compreender (vt)	кхета	[qet]
concordar (vi)	реза хила	[rez hɪl]
confiar (vt)	теша	[teʃ]
confundir (equivocar-se)	тило	[tɪlɔ]
conhecer (vt)	довза	[dɔvz]
contar (fazer contas)	лара	[lar]
contar com (esperar)	дагахь хила	[dagah hɪl]
continuar (vt)	дахдан	[dahdan]
controlar (vt)	тӏехьажа	[t'ehaʒ]
convidar (vt)	схьакхайкха	[shaqajq]
correr (vi)	дада	[dad]

| criar (vt) | кхолла | [qɔll] |
| custar (vt) | деха | [deh] |

14. Os verbos mais importantes. Parte 2

dar (vt)	дала	[dal]
dar uma dica	къедо	[q?edɔ]
decorar (enfeitar)	хаздан	[hazdan]
defender (vt)	лардан	[lardan]
deixar cair (vt)	охьаэго	[ɔhaəgɔ]

descer (para baixo)	охьадан	[ɔhadan]
desculpar-se (vr)	бехк цабиллар деха	[behk tsabɪllar deh]
dirigir (~ uma empresa)	куьйгаллз дан	[kɥjgallz dan]
discutir (notícias, etc.)	дийцаре дилла	[dɪ:tsare dɪll]
dizer (vt)	ала	[al]

duvidar (vt)	шекьхила	[ʃəkʲhɪl]
encontrar (achar)	каро	[karɔ]
enganar (vt)	lexo	['eho]
entrar (na sala, etc.)	чудахар	[tʃudahar]
enviar (uma carta)	дӀадахьийта	[d'adahɪ:t]

errar (equivocar-se)	гӀалатдала	[ɣalatdal]
escolher (vt)	харжар	[harʒar]
esconder (vt)	дӀадилла	[d'adɪll]
escrever (vt)	яздан	[jazdan]
esperar (o autocarro, etc.)	хьежа	[heʒ]

esperar (ter esperança)	догдаха	[dɔgdah]
esquecer (vt)	дицдала	[dɪtsdal]
estudar (vt)	lamo	['amɔ]
exigir (vt)	тӀедожо	[t'edɔʒɔ]
existir (vi)	хила	[hɪl]

explicar (vt)	кхето	[qetɔ]
falar (vi)	мотт бийца	[mɔtt bɪ:ts]
faltar (clases, etc.)	юкъахдита	[juq?ahdɪt]
fazer (vt)	дан	[dan]
ficar em silêncio	къамел ца дан	[q?amel ts dan]
gabar-se, jactar-se (vr)	куралла ян	[kurall jan]

gostar (apreciar)	хазахета	[hazahet]
gritar (vi)	мохь бетта	[mɔh bett]
guardar (cartas, etc.)	лардан	[lardan]

| informar (vt) | информаци ян, хаам бан | [ɪnfɔrmatsɪ jan], [ha'am ban] |
| insistir (vi) | тӀера ца вала | [t'er tsa val] |

insultar (vt)	сий дайа	[sɪ: daj]
interessar-se (vr)	довза лаа	[dɔvz la'a]
ir (a pé)	даха	[dah]
ir nadar	лийча	[lɪ:tʃ]
jantar (vi)	пхьор дан	[phɔr dan]

15. Os verbos mais importantes. Parte 3

ler (vt)	еша	[eʃ]
libertar (cidade, etc.)	мукъадаккха	[muqʔadakq]
matar (vt)	ден	[den]
mencionar (vt)	хьахо	[haho]
mostrar (vt)	гайта	[gajt]
mudar (modificar)	хийца	[hɪːts]
nadar (vi)	нека дан	[nek dan]
negar-se (vt)	дуьхьал хила	[dᵾhal hɪl]
objetar (vt)	дуьхьал хила	[dᵾhal hɪl]
observar (vt)	тергам бан	[tergam ban]
ordenar (mil.)	омра дан	[ɔmr dan]
ouvir (vt)	хаза	[haz]
pagar (vt)	ахча дала	[ahtʃ dal]
parar (vi)	саца	[sats]
participar (vi)	дакъа лаца	[daqʔ lats]
pedir (comida)	заказ ян	[zakaz jan]
pedir (um favor, etc.)	деха	[deh]
pegar (tomar)	схьаэца	[shaᵊts]
pensar (vt)	ойла ян	[ɔjl jan]
perceber (ver)	ган	[gan]
perdoar (vt)	геч дан	[getʃ dan]
perguntar (vt)	хатта	[hatt]
permitir (vt)	магийта	[magɪːt]
pertencer (vt)	хила	[hɪl]
planear (vt)	план хӏотто	[plan hʼɔttɔ]
poder (vi)	мага	[mag]
possuir (vt)	хила	[hɪl]
preferir (vt)	гӏоли хета	[ɣɔlɪ het]
preparar (vt)	кечдан	[ketʃdan]
prever (vt)	хиндерг хаа	[hɪnderg haʼa]
prometer (vt)	вайда дан	[vaʼd dan]
pronunciar (vt)	ала	[al]
propor (vt)	хьахо	[haho]
punir (castigar)	тӏаӏзар дан	[taʼzar dan]

16. Os verbos mais importantes. Parte 4

quebrar (vt)	кегдан	[kegdan]
queixar-se (vr)	латкъа	[latqʔ]
querer (desejar)	лаа	[laʼa]
recomendar (vt)	мага дан	[mag dan]
repetir (dizer outra vez)	юхаала	[juhaʼal]
repreender (vt)	дов дан	[dɔv dan]
reservar (~ um quarto)	резервировать ян	[rezerwɪrɔvatʲ jan]

responder (vt)	жоп дала	[ʒɔp dal]
rezar, orar (vi)	ламаз дан	[lamaz dan]
rir (vi)	дела	[del]

roubar (vt)	лечкъо	[letʃqʔɔ]
saber (vt)	хаа	[ha'a]
sair (~ de casa)	арадалар	[aradalar]
salvar (vt)	кӀелхьардаккха	[k'elhardakq]
seguir ...	тӀаьхьадаха	[t'æhadah]

sentar-se (vr)	охьахаа	[ɔhaha'a]
ser necessário	оьшуш хила	[øʃuʃ hɪl]
ser, estar	хила	[hɪl]
significar (vt)	маьлна хила	[mæ'n hɪl]

sorrir (vi)	дела къежа	[del qʔeʒ]
subestimar (vt)	ма-дарра ца лара	[ma darr tsa lar]
surpreender-se (vr)	цецдала	[tsetsdal]
tentar (vt)	хьажа	[haʒ]

ter (vt)	хила	[hɪl]
ter fome	хӀума яаа лаа	[h'um ja'a la'a]
ter medo	кхера	[qer]
ter sede	мала лаа	[mal la'a]

tocar (com as mãos)	куьг тоха	[kʉg tɔh]
tomar o pequeno-almoço	марта даа	[mart da'a]
trabalhar (vi)	болх бан	[bɔlh ban]
traduzir (vt)	талмажалла дан	[talmaʒall dan]
unir (vt)	цхьанатоха	[tshænatɔh]

vender (vt)	дохка	[dɔhk]
ver (vt)	ган	[gan]
virar (ex. ~ à direita)	дӀадерза	[d'aderz]
voar (vi)	лела	[lel]

TEMPO. CALENDÁRIO

17. Dias da semana

segunda-feira (f)	оршот	[ɔrʃɔt]
terça-feira (f)	шинара	[ʃɪnar]
quarta-feira (f)	кхаара	[qɑ'ɑr]
quinta-feira (f)	еара	[ear]
sexta-feira (f)	пlераска	[p'erask]
sábado (m)	шот	[ʃɔt]
domingo (m)	кlиранде	[k'ɪrande]
hoje	тахана	[tɑhan]
amanhã	кхана	[qɑn]
depois de amanhã	лама	[lam]
ontem	селхана	[selhan]
anteontem	стомара	[stɔmar]
dia (m)	де	[de]
dia (m) de trabalho	белхан де	[belhan de]
feriado (m)	деза де	[dez de]
dia (m) de folga	мукъа де	[muq? de]
fim (m) de semana	мукъа денош	[muq? denɔʃ]
o dia todo	деррига де	[derrɪg de]
no dia seguinte	шолгlачу дийнахь	[ʃɔlɣatʃu dɪːnah]
há dois dias	ши де хьалха	[ʃɪ de halh]
na véspera	де хьалха	[de halh]
diário	хlор денна хуьлу	[h'ɔr denn hʉlu]
todos os dias	хlор денна хуьлу	[h'ɔr denn hʉlu]
semana (f)	кlира	[k'ɪr]
na semana passada	дlадаханчу кlирнахь	[d'adahantʃu k'ɪrnah]
na próxima semana	тlедогlучу кlирнахь	[t'edɔɣutʃu k'ɪrnah]
semanal	хlор кlиранан	[h'ɔr k'ɪranan]
cada semana	хlор кlирна	[h'ɔr k'ɪrn]
duas vezes por semana	кlирнахь шозза	[k'ɪrnah ʃɔzz]
cada terça-feira	хlор шинара	[h'ɔr ʃɪnar]

18. Horas. Dia e noite

manhã (f)	lуьйре	['ʉjre]
de manhã	lуьйранна	['ʉjrann]
meio-dia (m)	делкъе	[delq?e]
à tarde	делкъан тlаьхьа	[delq?an t'æh]
noite (f)	суьйре	[sʉjre]
à noite (noitinha)	сарахь	[sɑrah]

noite (f)	буьса	[bus]
à noite	буса	[bus]
meia-noite (f)	буьйсанан юкъ	[bujsanan juq?]
segundo (m)	секунд	[sekund]
minuto (m)	минот	[mɪnɔt]
hora (f)	сахьт	[saht]
meia hora (f)	ахсахьт	[ahsaht]
quarto (m) de hora	сахьтах пхийтта	[sahtah phɪ:tt]
quinze minutos	15 минот	[phɪ:tt mɪnɔt]
vinte e quatro horas	де-буьйса	[de bujs]
nascer (m) do sol	малх схьакхетар	[malh shaqetar]
amanhecer (m)	сатасар	[satasar]
madrugada (f)	Iуьйранна хьалххехь	['ujrann halheh]
pôr do sol (m)	чубузар	[tʃubuzar]
de madrugada	Iуьйранна хьалххе	['ujrann halhe]
hoje de manhã	тахан Iуьйранна	[tahan 'ujrann]
amanhã de manhã	кхана Iуьйранна	[qan 'ujrann]
hoje à tarde	тахана дийнахь	[tahan dɪ:nah]
à tarde	делкъан тIаьхьа	[delq?an t'æh]
amanhã à tarde	кхана делкъан тIаьхьа	[qan delq?an t'æh]
hoje à noite	тахана суьйранна	[tahan sujrann]
amanhã à noite	кхана суьйранна	[qan sujrann]
às três horas em ponto	нийсса кхоъ сахьт даьлча	[nɪ:ss qø? saht dæltʃ]
por volta das quatro	диъ сахьт гергга	[dɪ? saht gergg]
às doze	шийтта сахьт долаж	[ʃɪ:tt saht dɔlaʒ]
dentro de vinte minutos	ткъа минот яьлча	[tq? mɪnɔt jæltʃ]
dentro duma hora	цхьа сахьт даьлча	[tsha saht dæltʃ]
a tempo	шен хеннахь	[ʃen hennah]
menos um quarto	сахьтах пхийтта яьлча	[sahtah phɪ:tt jæltʃ]
durante uma hora	сахьт даллалц	[saht dallalts]
a cada quinze minutos	хIор пхийтта минот	[h'ɔr phɪ:tt mɪnɔt]
as vinte e quatro horas	дуьззина де-буьйса	[duzzɪn de bujs]

19. Meses. Estações

janeiro (m)	январь	[janvarʲ]
fevereiro (m)	февраль	[fevralj]
março (m)	март	[mart]
abril (m)	апрель	[aprelj]
maio (m)	май	[maj]
junho (m)	июнь	[ɪjunj]
julho (m)	июль	[ɪulj]
agosto (m)	август	[avgust]
setembro (m)	сентябрь	[sentʲabrʲ]
outubro (m)	октябрь	[ɔktʲabrʲ]

novembro (m)	ноябрь	[nɔjabrʲ]
dezembro (m)	декабрь	[dekabrʲ]
primavera (f)	бӏаьсте	[b'æste]
na primavera	бӏаьста	[b'æst]
primaveril	бӏаьстенан	[b'æstenɑn]
verão (m)	аьхке	[æhke]
no verão	аьхка	[æhk]
de verão	аьхкенан	[æhkenɑn]
outono (m)	гуьйре	[gɥjre]
no outono	гуьрахь	[gurah]
outonal	гуьйренан	[gɥjrenɑn]
inverno (m)	la	['ɑ]
no inverno	lай	['ɑj]
de inverno	lаьнан	['ænɑn]
mês (m)	бутт	[butt]
este mês	кху баттахь	[qu battah]
no próximo mês	тӏеборӏу баттахь	[t'ebɔɣu battah]
no mês passado	байна баттахь	[bajn battah]
há um mês	цхьа бутт хьалха	[tsha butt halh]
dentro de um mês	цхьа бутт баьлча	[tsha butt bæltʃ]
dentro de dois meses	ши бутт баьлча	[ʃɪ butt bæltʃ]
todo o mês	беррига бутт	[berrɪg butt]
um mês inteiro	дийнна бутт	[dɪ:nn butt]
mensal	хӏор беттан	[h'ɔr bettan]
mensalmente	хӏор баттахь	[h'ɔr battah]
cada mês	хӏор бутт	[h'ɔr butt]
duas vezes por mês	баттахь 2	[battah ʃɔzz]
ano (m)	шо	[ʃɔ]
este ano	кхушара	[quʃar]
no próximo ano	тӏедорӏучу шарахь	[t'edɔɣutʃu ʃarah]
no ano passado	стохка	[stɔhk]
há um ano	шо хьалха	[ʃɔ halh]
dentro dum ano	шо даьлча	[ʃɔ dæltʃ]
dentro de 2 anos	ши шо даьлча	[ʃɪ ʃɔ dæltʃ]
todo o ano	деррига шо	[derrɪg ʃɔ]
um ano inteiro	дийнна шо	[dɪ:nn ʃɔ]
cada ano	хӏор шо	[h'ɔr ʃɔ]
anual	хӏор шеран	[h'ɔr ʃeran]
anualmente	хӏор шарахь	[h'ɔr ʃarah]
quatro vezes por ano	шарахь 4	[ʃarah døazz]
data (~ de hoje)	де	[de]
data (ex. ~ de nascimento)	терахь	[terah]
calendário (m)	календарь	[kalendarʲ]
meio ano	ахшо	[ahʃɔ]
seis meses	ахшо	[ahʃɔ]

estação (f)	**зам**	[zɑm]
século (m)	**оьмар**	[ømɑr]

VIAGENS. HOTEL

20. Viagens

turismo (m)	туризм	[turɪzm]
turista (m)	турист	[turɪst]
viagem (f)	араваьлла лелар	[aravæll lelar]
aventura (f)	хилларг	[hɪllarg]
viagem (f)	дахар	[dahar]
férias (f pl)	отпуск	[ɔtpusk]
estar de férias	отпускехь хилар	[ɔtpuskeh hɪlar]
descanso (m)	садалар	[sada'ar]
comboio (m)	цlерпошт	[ts'erpɔʃt]
de comboio (chegar ~)	цlерпоштахь	[ts'erpɔʃtah]
avião (m)	кема	[kem]
de avião	кеманца	[kemants]
de carro	машина тlехь	[maʃɪn t'eh]
de navio	кеманца	[kemants]
bagagem (f)	кира	[kɪr]
mala (f)	чамда	[tʃamd]
carrinho (m)	киран гlудакх	[kɪran ɣudaq]
passaporte (m)	паспорт	[pasport]
visto (m)	виза	[wɪz]
bilhete (m)	билет	[bɪlet]
bilhete (m) de avião	авиабилет	[awɪabɪlet]
guia (m) de viagem	некъгойтург	[neqʔgɔjturg]
mapa (m)	карта	[kart]
local (m), area (f)	меттиг	[mettɪg]
lugar, sítio (m)	меттиг	[mettɪg]
exotismo (m)	экзотика	[ɛkzɔtɪk]
exótico	экзотикин	[ɛkzɔtɪkɪn]
surpreendente	тамашена	[tamaʃən]
grupo (m)	группа	[grupp]
excursão (f)	экскурси	[ɛkskursɪ]
guia (m)	экскурсилелорхо	[ɛkskursɪlelɔrhɔ]

21. Hotel

hotel (m)	хьешийн цlа	[heʃɪːn ts'a]
motel (m)	мотель	[mɔtelj]
três estrelas	кхо седа	[qø sed]

| cinco estrelas | пхи седа | [phɪ sed] |
| ficar (~ num hotel) | саца | [saʦ] |

quarto (m)	номер	[nɔmer]
quarto (m) individual	цхьа меттиг йолу номер	[ʦha mettɪg jolu nɔmer]
quarto (m) duplo	шиъ меттиг йолу номер	[ʃɪʔ mettɪg jolu nɔmer]
reservar um quarto	номер бронь ян	[nɔmer brɔnj jan]

| meia pensão (f) | полупансион | [pɔlupansɪɔn] |
| pensão (f) completa | йиззина пансион | [jɪzzɪn pansɪɔn] |

com banheira	ваннер	[vanner]
com duche	душер	[duʃər]
televisão (m) satélite	спутникови телевидени	[sputnɪkɔwɪ telewɪdenɪ]
ar (m) condicionado	кондиционер	[kɔndɪʦɪɔner]
toalha (f)	гата	[gat]
chave (f)	догла	[dɔɣ]

administrador (m)	администратор	[admɪnɪstratɔr]
camareira (f)	хӀусамча	[h'usamʧ]
bagageiro (m)	киранхо	[kɪranho]
porteiro (m)	портье	[pɔrtje]

restaurante (m)	ресторан	[restɔran]
bar (m)	бар	[bar]
pequeno-almoço (m)	марта	[mart]
jantar (m)	пхьор	[phɔr]
buffet (m)	шведийн стоьл	[ʃwedɪːn støl]

| hall (m) de entrada | вестибюль | [westɪbʉlj] |
| elevador (m) | лифт | [lɪft] |

| NÃO PERTURBE | МА ХЬЕВЕ | [ma hewe] |
| PROIBIDO FUMAR! | ЦИГАЬРКА ОЗА МЕГАШ ДАЦ! | [ʦɪgærk ɔz megaʃ daʦ] |

22. Turismo

monumento (m)	хӀоллам	[h'ɔllam]
fortaleza (f)	гӀап	[ɣap]
palácio (m)	гӀала	[ɣal]
castelo (m)	гӀала	[ɣal]
torre (f)	бӀов	[b'ɔv]
mausoléu (m)	мавзолей	[mavzɔlej]

arquitetura (f)	архитектура	[arhɪtektur]
medieval	юккъерчу блешерийн	[jukqʔerʧu b'eʃerɪːn]
antigo	тамашена	[tamaʃən]
nacional	къаьмнийн	[qʔæmnɪːn]
conhecido	гӀарадаьлла	[ɣaradæll]

turista (m)	турист	[turɪst]
guia (pessoa)	гид	[gɪd]
excursão (f)	экскурси	[ɛkskursɪ]

mostrar (vt)	гайта	[gajt]
contar (vt)	дийца	[dɪːts]
encontrar (vt)	каро	[karɔ]
perder-se (vr)	дан	[dɑn]
mapa (~ do metrô)	схема	[shem]
mapa (~ da cidade)	план	[plɑn]
lembrança (f), presente (m)	совгӏат	[sɔvɣat]
loja (f) de presentes	совгӏатан туька	[sɔvɣatan tʉk]
fotografar (vt)	сурт даккха	[surt dɑkq]
fotografar-se	сурт даккхийта	[surt dɑkqɪːt]

TRANSPORTES

23. Aeroporto

aeroporto (m)	аэропорт	[aərɔpɔrt]
avião (m)	кема	[kem]
companhia (f) aérea	авиакомпани	[awɪakɔmpanɪ]
controlador (m) de tráfego aéreo	диспетчер	[dɪspetʃer]

partida (f)	дӀадахар	[d'adahar]
chegada (f)	схьакхачар	[shaqatʃar]
chegar (~ de avião)	схьакхача	[shaqatʃ]

hora (f) de partida	гӀовтаран хан	[ɣɔvtaran han]
hora (f) de chegada	схьакхачаран хан	[shaqatʃaran han]

estar atrasado	хьедала	[hedal]
atraso (m) de voo	хьедар	[hedar]

painel (m) de informação	хаамийн табло	[haːmɪːn tablɔ]
informação (f)	хаам	[ha'am]
anunciar (vt)	кхайкхо	[qajqɔ]
voo (m)	рейс	[rejs]

alfândega (f)	таможни	[tamɔʒnɪ]
funcionário (m) da alfândega	таможхо	[tamɔʒho]

declaração (f) alfandegária	деклараци	[deklaratsɪ]
preencher a declaração	деклараци язъян	[deklaratsɪ jaz?jan]
controlo (m) de passaportes	паспортан контроль	[pastpɔrtan kɔntrɔlj]

bagagem (f)	кира	[kɪr]
bagagem (f) de mão	куьйга леладен кира	[kʉjg leladen kɪr]
carrinho (m)	гӀудалкх	[ɣudalq]

aterragem (f)	охьахаар	[ɔhaha'ar]
pista (f) de aterragem	охьахааден аса	[ɔhaha'aden as]
aterrar (vi)	охьахаа	[ɔhaha'a]
escada (f) de avião	лами	[lamɪ]

check-in (m)	регистраци	[regɪstratsɪ]
balcão (m) do check-in	регистрацин гӀопаста	[regɪstratsɪn ɣɔpast]
fazer o check-in	регистраци ян	[regɪstratsɪ jan]
cartão (m) de embarque	тӀехааден талон	[t'eha'aden talɔn]
porta (f) de embarque	арадалар	[aradalar]

trânsito (m)	транзит	[tranzɪt]
esperar (vi, vt)	хьежа	[heʒ]
sala (f) de espera	хьежаран зал	[heʒaran zal]

| despedir-se de ... | новкъадаккха | [nɔvqʔadakq] |
| despedir-se (vr) | Iодика ян | ['ɔdɪk jan] |

24. Avião

avião (m)	кема	[kem]
bilhete (m) de avião	авиабилет	[awɪabɪlet]
companhia (f) aérea	авиакомпани	[awɪakɔmpanɪ]
aeroporto (m)	аэропорт	[aɐrɔpɔrt]
supersónico	озал тIехь	[ɔzal t'eh]

comandante (m) do avião	кеман командир	[keman kɔmandɪr]
tripulação (f)	экипаж	[ɛkɪpaʒ]
piloto (m)	кеманхо	[kemanho]
hospedeira (f) de bordo	стюардесса	[stʉardess]
copiloto (m)	штурман	[ʃturman]

asas (f pl)	тIемаш	[t'emaʃ]
cauda (f)	цIога	[ts'ɔg]
cabine (f) de pilotagem	кабина	[kabɪn]
motor (m)	двигатель	[dwɪgatelj]
trem (m) de aterragem	шасси	[ʃassɪ]
turbina (f)	бера	[ber]
hélice (f)	бера	[ber]
caixa-preta (f)	Iаьржа яьшка	['ærʒ jæʃk]
coluna (f) de controlo	штурвал	[ʃturval]
combustível (m)	ягорг	[jagɔrg]

instruções (f pl) de segurança	инструкци	[ɪnstruktsɪ]
máscara (f) de oxigénio	кислородан маска	[kɪslɔrɔdan mask]
uniforme (m)	униформа	[unɪfɔrm]
colete (m) salva-vidas	кIелхьарвоккху жилет	[k'elharvɔkqu ʒɪlet]
paraquedas (m)	четар	[tʃetar]
descolagem (f)	хьалаrIаттар	[halaɣattar]
descolar (vi)	хьалаrIатта	[halaɣatt]
pista (f) de descolagem	хьалаrIотту аса	[halaɣɔttu as]

visibilidade (f)	гуш хилар	[guʃ hɪlar]
voo (m)	дахар	[dahar]
altura (f)	лакхалла	[laqall]
poço (m) de ar	хIаваъан ор	[h'avaʔan ɔr]

assento (m)	меттиг	[mettɪg]
auscultadores (m pl)	ладуrIургаш	[laduɣurgaʃ]
mesa (f) rebatível	цхьалха стол	[tshalha stɔl]
vigia (f)	иллюминатор	[ɪllʉmɪnatɔr]
passagem (f)	чекхдолийла	[tʃeqdɔlɪːl]

25. Comboio

| comboio (m) | цIерпошт | [ts'erpɔʃt] |
| comboio (m) suburbano | электричка | [ɛlektrɪtʃk] |

comboio (m) rápido	чехка цlерпошт	[tʃehk ts'erpoʃt]
locomotiva (f) diesel	тепловоз	[teplovoz]
comboio (m) a vapor	цlермашен	[ts'ermaʃən]

carruagem (f)	вагон	[vagon]
carruagem restaurante (f)	вагон-ресторан	[vagon restoran]

carris (m pl)	рельсаш	[reljsaʃ]
caminho de ferro (m)	аьчка некъ	['ætʃk neq?]
travessa (f)	шпала	[ʃpal]

plataforma (f)	платформа	[platform]
linha (f)	некъ	[neq?]
semáforo (m)	семафор	[semafor]
estação (f)	станци	[stantsɪ]
maquinista (m)	машинхо	[maʃɪnho]
bagageiro (m)	киранхо	[kɪranho]
hospedeiro, -a (da carruagem)	проводник	[provodnɪk]
passageiro (m)	пассажир	[passaʒɪr]
revisor (m)	контролёр	[kontrolʲor]

corredor (m)	уче	[utʃe]
freio (m) de emergência	стоп-кран	[stop kran]

compartimento (m)	купе	[kupe]
cama (f)	терхи	[terhɪ]
cama (f) de cima	лакхара терхи	[laqar terhɪ]
cama (f) de baixo	лахара терхи	[lahar terhɪ]
roupa (f) de cama	меттан лоччарш	[mettan lotʃarʃ]
bilhete (m)	билет	[bɪlet]
horário (m)	расписани	[raspɪsanɪ]
painel (m) de informação	хаамийн у	[ha:mɪ:n u]

partir (vt)	дlадаха	[d'adah]
partida (f)	дlадахар	[d'adahar]
chegar (vi)	схьакхача	[shaqatʃ]
chegada (f)	схьакхачар	[shaqatʃar]

chegar de comboio	цlерпоштахь ван	[ts'erpoʃtah van]
apanhar o comboio	цlерпошта тlе хаа	[ts'erpoʃt t'e ha'a]
sair do comboio	цlерпошта тlера охьадосса	[ts'erpoʃt t'er ohadoss]

acidente (m) ferroviário	харцар	[hartsar]
comboio (m) a vapor	цlермашен	[ts'ermaʃən]
fogueiro (m)	кочегар	[kotʃegar]
fornalha (f)	дагор	[dagor]
carvão (m)	кlора	[k'or]

26. Barco

navio (m)	кема	[kem]
embarcação (f)	кема	[kem]

vapor (m)	цІеркема	[ts'erkem]
navio (m)	теплоход	[teplohod]
transatlântico (m)	лайнер	[lajner]
cruzador (m)	крейсер	[krejser]
iate (m)	яхта	[jaht]
rebocador (m)	буксир	[buksɪr]
barcaça (f)	баржа	[barʒ]
ferry (m)	бурам	[buram]
veleiro (m)	гатанан кема	[gatanan kem]
bergantim (m)	бригантина	[brɪgantɪn]
quebra-gelo (m)	ша-кема	[ʃa kem]
submarino (m)	хи бухахула лела кема	[hɪ buhahul lel kem]
bote, barco (m)	кема	[kem]
bote, dingue (m)	шлюпка	[ʃlʉpk]
bote (m) salva-vidas	кІелхьарвоккху шлюпка	[k'elharvɔkqu ʃlʉpk]
lancha (f)	катер	[kater]
capitão (m)	капитан	[kapɪtan]
marinheiro (m)	хІордахо	[h'ɔrdaho]
marujo (m)	хІордахо	[h'ɔrdaho]
tripulação (f)	экипаж	[ɛkɪpaʒ]
contramestre (m)	боцман	[bɔtsman]
grumete (m)	юнга	[jung]
cozinheiro (m) de bordo	кок	[kɔk]
médico (m) de bordo	хи кеман лор	[hɪ keman lɔr]
convés (m)	палуба	[palub]
mastro (m)	мачта	[matʃt]
vela (f)	гата	[gat]
porão (m)	трюм	[trʉm]
proa (f)	кеман мара	[keman mar]
popa (f)	кеман цІога	[keman ts'ɔg]
remo (m)	пийсиг	[pɪːsɪg]
hélice (f)	винт	[wɪnt]
camarote (m)	каюта	[kajut]
sala (f) dos oficiais	кают-компани	[kajut kɔmpanɪ]
sala (f) das máquinas	машинийн отделени	[maʃɪnɪːn ɔtdelenɪ]
ponte (m) de comando	капитанан тІай	[kapɪtanan t'aj]
sala (f) de comunicações	радиотрубка	[radɪɔtrubk]
onda (f) de rádio	тулгІе	[tulɣe]
diário (m) de bordo	кеман журнал	[keman ʒurnal]
luneta (f)	турмал	[turmal]
sino (m)	горгал	[gɔrgal]
bandeira (f)	байракх	[bajraq]
cabo (m)	муш	[muʃ]
nó (m)	шад	[ʃad]
corrimão (m)	тІам	[t'am]

prancha (f) de embarque	лами	[lamɪ]
âncora (f)	якорь	[jakɔrʲ]
recolher a âncora	якорь хьалаайа	[jakɔrʲ hala'aj]
lançar a âncora	якорь кхосса	[jakɔrʲ qɔss]
amarra (f)	якоран зІе	[jakɔran z'e]
porto (m)	порт	[pɔrt]
cais, amarradouro (m)	дІатосийла	[d'atɔsɪːl]
atracar (vi)	йистедало	[jɪstedalɔ]
desatracar (vi)	дІадаха	[d'adah]
viagem (f)	араваьлла лелар	[aravæll lelar]
cruzeiro (m)	круиз	[kruɪz]
rumo (m), rota (f)	курс	[kurs]
itinerário (m)	маршрут	[marʃrut]
canal (m) navegável	фарватер	[farvater]
baixio (m)	гомхалла	[gɔmhall]
encalhar (vt)	гІамарла даха	[ɣamarl dah]
tempestade (f)	дарц	[darts]
sinal (m)	сигнал	[sɪgnal]
afundar-se (vr)	бухадаха	[buhadah]
SOS	SOS	[sɔs]
boia (f) salva-vidas	кІелхьарвоккху го	[k'elharvɔkqu gɔ]

CIDADE

27. Transportes urbanos

autocarro (m)	автобус	[avtɔbus]
elétrico (m)	трамвай	[tramvaj]
troleicarro (m)	троллейбус	[trɔllejbus]
itinerário (m)	маршрут	[marʃrut]
número (m)	номер	[nɔmer]
ir de ... (carro, etc.)	даха	[dah]
entrar (~ no autocarro)	тӏехаа	[t'eha'a]
descer de ...	охьадосса	[ɔhadɔss]
paragem (f)	социйла	[sɔtsɪːl]
próxima paragem (f)	porlepa социйла	[rɔɣer sɔtsɪːl]
ponto (m) final	тӏаьххьара социйла	[t'æhar sɔtsɪːl]
horário (m)	расписани	[raspɪsanɪ]
esperar (vt)	хьежа	[heʒ]
bilhete (m)	билет	[bɪlet]
custo (m) do bilhete	билетан мах	[bɪletan mah]
bilheteiro (m)	кассир	[kassɪr]
controlo (m) dos bilhetes	контроль	[kɔntrɔlj]
revisor (m)	контролёр	[kɔntrɔljor]
atrasar-se (vr)	тӏаьхьадиса	[t'æhadɪs]
perder (o autocarro, etc.)	тӏаьхьадиса	[t'æhadɪs]
estar com pressa	сихадала	[sɪhadal]
táxi (m)	такси	[taksɪ]
taxista (m)	таксист	[taksɪst]
de táxi (ir ~)	таксин тӏехь	[taksɪn t'eh]
praça (f) de táxis	такси дӏахӏоттайойла	[taksɪ d'ah'ɔttajɔjl]
chamar um táxi	таксига кхайкха	[taksɪg qajq]
apanhar um táxi	такси лаца	[taksɪ lats]
tráfego (m)	урамашкахула лелар	[uramaʃkahul lelar]
engarrafamento (m)	дӏадукъар	[d'aduqʔar]
horas (f pl) de ponta	юкъъелла хан	[juqʔell han]
estacionar (vi)	машина дӏахӏоттар	[maʃɪn d'ah'ɔttar]
estacionar (vt)	машина дӏахӏотто	[maʃɪn d'ah'ɔttɔ]
parque (m) de estacionamento	дӏахӏоттайойла	[d'ah'ɔttajɔjl]
metro (m)	метро	[metrɔ]
estação (f)	станци	[stantsɪ]
ir de metro	метрохь ваха	[metrɔh vah']
comboio (m)	цӏерпошт	[ts'erpɔʃt]
estação (f)	вокзал	[vɔkzal]

28. Cidade. Vida na cidade

cidade (f)	гӀала	[ɣal]
capital (f)	нана-гӀала	[nan ɣal]
aldeia (f)	юрт	[jurt]
mapa (m) da cidade	гӀалин план	[ɣalɪn plan]
centro (m) da cidade	гӀалин юкъ	[ɣalɪn juqʔ]
subúrbio (m)	гӀалин йист	[ɣalɪn jɪst]
suburbano	гӀалин йистера	[ɣalɪn jɪster]
periferia (f)	гӀалин йист	[ɣalɪn jɪst]
arredores (m pl)	гӀалин гонахе	[ɣalɪn gɔnahe]
quarteirão (m)	квартал	[kvartal]
quarteirão (m) residencial	нах беха квартал	[nah beha kvartal]
tráfego (m)	лелар	[lelar]
semáforo (m)	светофор	[swetɔfɔr]
transporte (m) público	гӀалара транспорт	[ɣalar transpɔrt]
cruzamento (m)	галморзе	[galmɔrze]
passadeira (f)	галморзе	[galmɔrze]
passagem (f) subterrânea	лаьттан бухара дехьаволийла	[læettan buhar dehavɔlɪːl]
cruzar, atravessar (vt)	дехьа вала	[deh val]
peão (m)	гӀашло	[ɣaʃlɔ]
passeio (m)	тротуар	[trɔtuar]
ponte (f)	тӀай	[tʼaj]
margem (f) do rio	хийист	[hɪːɪst]
fonte (f)	фонтан	[fɔntan]
alameda (f)	аллей	[allej]
parque (m)	беш	[beʃ]
bulevar (m)	бульвар	[buljvar]
praça (f)	майда	[majd]
avenida (f)	проспект	[prɔspekt]
rua (f)	урам	[uram]
travessa (f)	урамалг	[uramalg]
beco (m) sem saída	кӀажбухе	[kʼaʒbuhe]
casa (f)	цӀа	[ts'a]
edifício, prédio (m)	гӀишло	[ɣɪʃlɔ]
arranha-céus (m)	стигал-бохь	[stɪgal bɔh]
fachada (f)	хьалхе	[halhe]
telhado (m)	тхов	[thov]
janela (f)	кор	[kɔr]
arco (m)	нартол	[nartɔl]
coluna (f)	колонна	[kɔlɔn]
esquina (f)	маьӀиг	[mæʼɪg]
montra (f)	витрина	[wɪtrɪn]
letreiro (m)	гойтург	[gɔjturg]
cartaz (m)	афиша	[afɪʃ]

cartaz (m) publicitário	рекламан плакат	[reklaman plakat]
painel (m) publicitário	рекламан у	[reklaman u]
lixo (m)	нехаш	[nehaʃ]
cesta (f) do lixo	урна	[urn]
jogar lixo na rua	нехаш яржо	[nehaʃ jarʒɔ]
aterro (m) sanitário	нехаш дӏакхийсуьйла	[nehaʃ d'aqɪːsʉjl]
cabine (f) telefónica	телефонан будка	[telefonan budk]
candeeiro (m) de rua	фонаран зӏенар	[fɔnaran z'enar]
banco (m)	гӏант	[ɣant]
polícia (m)	полици	[pɔlɪtsɪ]
polícia (instituição)	полици	[pɔlɪtsɪ]
mendigo (m)	сагӏадоьхург	[saɣadøhurg]
sem-abrigo (m)	цӏа доцу	[ts'a dɔtsu]

29. Instituições urbanas

loja (f)	туька	[tʉk]
farmácia (f)	аптека	[aptek]
ótica (f)	оптика	[ɔptɪk]
centro (m) comercial	механ центр	[mehan tsentr]
supermercado (m)	супермаркет	[supermarket]
padaria (f)	сурсатийн туька	[sursatɪːn tʉk]
padeiro (m)	пурнхо	[purnho]
pastelaria (f)	кондитерски	[kɔndɪterskɪ]
mercearia (f)	баккхал	[bakqal]
talho (m)	жижиг духку туька	[ʒɪʒɪg duhku tʉk]
loja (f) de legumes	хасстоьмийн туька	[hasstømɪːn tʉk]
mercado (m)	базар	[bazar]
café (m)	кафе	[kafe]
restaurante (m)	ресторан	[restoran]
bar (m), cervejaria (f)	йийн туька	[jɪːn tʉk]
pizzaria (f)	пиццерий	[pɪtserɪː]
salão (m) de cabeleireiro	парикмахерски	[parɪkmaherskɪ]
correios (m pl)	пошт	[pɔʃt]
lavandaria (f)	химцӏандар	[hɪmts'andar]
estúdio (m) fotográfico	фотоателье	[fotoatelje]
sapataria (f)	мачийн туька	[matʃɪːn tʉk]
livraria (f)	книшкийн туька	[knɪʃkɪːn tʉk]
loja (f) de artigos de desporto	спортан туька	[sportan tʉk]
reparação (f) de roupa	бедар таяр	[bedar tajar]
aluguer (m) de roupa	бедарийн прокат	[bedarɪːn prɔkat]
aluguer (m) de filmes	фильман прокат	[fɪljman prɔkat]
circo (m)	цирк	[tsɪrk]
jardim (m) zoológico	дийнатийн парк	[dɪːnatɪːn park]

cinema (m)	кинотеатр	[kɪnoteatr]
museu (m)	музей	[muzej]
biblioteca (f)	библиотека	[bɪblɪɔtek]

teatro (m)	театр	[teatr]
ópera (f)	опера	[ɔper]
clube (m) noturno	буьйсанан клуб	[bʉjsanan klub]
casino (m)	казино	[kazɪnɔ]

mesquita (f)	маьждиг	[mæʒdɪg]
sinagoga (f)	синагога	[sɪnagɔg]
catedral (f)	килс	[kɪls]
templo (m)	зиярат	[zɪjarat]
igreja (f)	килс	[kɪls]

instituto (m)	институт	[ɪnstɪtut]
universidade (f)	университет	[unɪwersɪtet]
escola (f)	школа	[ʃkɔl]

prefeitura (f)	префектур	[prefektur]
câmara (f) municipal	мэри	[mɛrɪ]
hotel (m)	хьешийн цӀа	[heʃɪːn ts'a]
banco (m)	банк	[bank]

embaixada (f)	векаллат	[wekallat]
agência (f) de viagens	турагенство	[turagenstvɔ]
agência (f) de informações	хаттараллин бюро	[hattarallɪn bʉrɔ]
casa (f) de câmbio	хуьцийла	[hʉʧsɪːl]

| metro (m) | метро | [metrɔ] |
| hospital (m) | больница | [bɔljnɪʦ] |

| posto (m) de gasolina | бензин дутту колонка | [benzɪn duttu kɔlɔnk] |
| parque (m) de estacionamento | дӀахӀоттайойла | [d'ah'ɔttajojl] |

30. Sinais

letreiro (m)	гойтург	[gɔjturg]
inscrição (f)	тӀеяздар	[t'ejazdar]
cartaz, póster (m)	плакат	[plakat]
sinal (m) informativo	гойтург	[gɔjturg]
seta (f)	цамза	[ʦamz]

aviso (advertência)	лардар	[lardar]
sinal (m) de aviso	дӀахьедар	[d'ahedar]
avisar, advertir (vt)	дӀахьедан	[d'ahedan]

dia (m) de folga	мукъа де	[muqʔ de]
horário (m)	расписани	[raspɪsanɪ]
horário (m) de funcionamento	белхан сахьташ	[belhan sahtaʃ]

BEM-VINDOS!	ДИКАНЦА ДОГӀИЙЛА!	[dɪkanʦa dɔɣɪːl]
ENTRADA	ЧУГӀОЙЛА	[ʧuɣɔjl]
SAÍDA	АРАДОЛИЙЛА	[aradɔlɪːl]

EMPURRE	ШЕГАРА	[ʃəgar]
PUXE	ШЕН ТІЕ	[ʃən t'e]
ABERTO	ДИЛЛИНА	[dɪllɪn]
FECHADO	КЪОВЛИНА	[qʔɔvlɪn]

| MULHER | ЗУДАРИЙН | [zudarɪ:n] |
| HOMEM | БОЖАРИЙН | [bɔʒarɪ:n] |

DESCONTOS	МАХ ТІЕРБАККХАР	[mah t'erbakqar]
SALDOS	ДОЬХКИНА ДІАДАККХАР	[døhkɪn d'adakqar]
NOVIDADE!	КЕРЛАНИГ!	[kerlanɪg]
GRÁTIS	МАЬХЗА	[mæhz]

ATENÇÃO!	ЛАДОГІА!	[ladɔɣ]
NÃO HÁ VAGAS	МЕТТИГ ЯЦ	[mettɪg jats]
RESERVADO	ЦХЬАНАН ТІЕХЬ	[tshanan t'eh
	ЧІАГІЙИНА	tʃ'aɣjɪn]

| ADMINISTRAÇÃO | АДМИНИСТРАЦИ | [admɪnɪstratsɪ] |
| SOMENTE PESSOAL AUTORIZADO | ПЕРСОНАЛАН БЕ | [personalan be] |

CUIDADO CÃO FEROZ	ДЕРА ЖІАЬЛА	[der ʒ'æl]
PROIBIDO FUMAR!	ЦИГАЬРКА ОЗА	[tsɪgærk ɔz
	МЕГАШ ДАЦ!	megaʃ dats]
NÃO TOCAR	КУЬЙГАШ МА ДЕТТА!	[kʉjgaʃ ma dett]

PERIGOSO	КХЕРАМЕ	[qerame]
PERIGO	КХЕРАМ	[qeram]
ALTA TENSÃO	ЛАКХАРЧУ	[laqartʃu
	БУЛЛАМАН ТОК	bullaman tɔk]

| PROIBIDO NADAR | ЛИЙЧА ЦА МЕГА | [lɪ:tʃ tsa meg] |
| AVARIADO | БОЛХ ЦА БО | [bɔlh tsa bɔ] |

INFLAMÁVEL	ЦІЕ КХЕРАМЕ	[ts'e qerame]
PROIBIDO	ЦА МЕГА	[tsa meg]
ENTRADA PROIBIDA	ЧЕКХДАЛАР ЦА МЕГА	[tʃeqdalar tsa meg]
CUIDADO TINTA FRESCA	БАСАР ХЬАЬКХНА	[basar hæqn]

31. Compras

comprar (vt)	эца	[ɛts]
compra (f)	эцар	[ɛtsar]
fazer compras	х1уманаш эца	[humanaʃ ɛts]
compras (f pl)	эцар	[ɛtsar]

| estar aberta (loja, etc.) | болх бан | [bɔlh ban] |
| estar fechada | дІакъовла | [d'aqʔɔvl] |

calçado (m)	мача	[matʃ]
roupa (f)	бедар	[bedar]
cosméticos (m pl)	косметика	[kɔsmetɪk]
alimentos (m pl)	сурсаташ	[sursataʃ]
presente (m)	совгІат	[sɔvɣat]

vendedor (m)	йохкархо	[johkarhɔ]
vendedora (f)	йохкархо	[johkarhɔ]
caixa (f)	касса	[kass]
espelho (m)	куьзга	[kʉzg]
balcão (m)	гӀопаста	[ɣɔpast]
cabine (f) de provas	примерочни	[prɪmerɔtʃnɪ]
provar (vt)	тӀедуьйхина хьажа	[t'edʉjhɪn haʒ]
servir (vi)	гӀехьа хила	[ɣeh hɪl]
gostar (apreciar)	хазахета	[hazahet]
preço (m)	мах	[mah]
etiqueta (f) de preço	махло	[mahlɔ]
custar (vt)	деха	[deh]
Quanto?	ХӀун доккху?	[h'un dɔkqu]
desconto (m)	тӀерадаккхар	[t'eradakqar]
não caro	деза доцу	[dez dɔtsu]
barato	дораха	[dɔrah]
caro	деза	[dez]
É caro	Иза механ деза ду.	[ɪz mehan dez du]
aluguer (m)	прокат	[prɔkat]
alugar (vestidos, etc.)	прокатан схьаэца	[prɔkatan shaəts]
crédito (m)	кредит	[kredɪt]
a crédito	кредитан	[kredɪtan]

VESTUÁRIO & ACESSÓRIOS

32. Roupa exterior. Casacos

roupa (f)	бедар	[bedɑr]
roupa (f) exterior	тӀехула юху бедар	[t'ehul juhu bedɑr]
roupa (f) de inverno	Ӏаьнан барзакъ	['ænɑn bɑrzɑq?]
sobretudo (m)	пальто	[pɑljtɔ]
casaco (m) de peles	кетар	[ketɑr]
casaco curto (m) de peles	йоца кетар	[joʦ ketɑr]
casaco (m) acolchoado	месийн гоь	[mesɪːn gø]
casaco, blusão (m)	куртка	[kurtk]
impermeável (m)	плащ	[plɑʦ]
impermeável	хи чекх ца долу	[hɪ ʧeq ʦa dɔlu]

33. Vestuário de homem & mulher

camisa (f)	коч	[kɔʧ]
calças (f pl)	хеча	[heʧ]
calças (f pl) de ganga	джинсаш	[ʤɪnsɑʃ]
casaco (m) de fato	пиджак	[pɪʤak]
fato (m)	костюм	[kɔstʉm]
vestido (ex. ~ vermelho)	бедар	[bedɑr]
saia (f)	юпка	[jupk]
blusa (f)	блузка	[bluzk]
casaco (m) de malha	кофта	[kɔft]
casaco, blazer (m)	жакет	[ʒɑket]
T-shirt, camiseta (f)	футболк	[futbɔlk]
calções (Bermudas, etc.)	шорташ	[ʃɔrtɑʃ]
fato (m) de treino	спортан костюм	[spɔrtan kɔstʉm]
roupão (m) de banho	оба	[ɔb]
pijama (m)	пижама	[pɪʒɑm]
suéter (m)	свитер	[swɪter]
pulôver (m)	пуловер	[pulɔwer]
colete (m)	жилет	[ʒɪlet]
fraque (m)	фрак	[frak]
smoking (m)	смокинг	[smɔkɪng]
uniforme (m)	форма	[fɔrm]
roupa (f) de trabalho	белхан бедар	[belhan bedɑr]
fato-macaco (m)	комбинезон	[kɔmbɪnezɔn]
bata (~ branca, etc.)	оба	[ɔb]

34. Vestuário. Roupa interior

roupa (f) interior	чухулаюху хIуманаш	[ʧuhulajuhu h'umanaʃ]
camisola (f) interior	майка	[majk]
peúgas (f pl)	пазаташ	[pazataʃ]
camisa (f) de noite	вуьжуш юху коч	[vɵʒuʃ juhu kɔʧ]
sutiã (m)	бюстгалтер	[bɵstgalter]
meias longas (f pl)	пазаташ	[pazataʃ]
meias-calças (f pl)	колготкаш	[kɔlgɔtkaʃ]
meias (f pl)	пазаташ	[pazataʃ]
fato (m) de banho	луьйчушъюхург	[lɵjʧuʃʔɵhurg]

35. Adereços de cabeça

chapéu (m)	куй	[kuj]
chapéu (m) de feltro	шляпа	[ʃljap]
boné (m) de beisebol	бейсболк	[bejsbɔlk]
boné (m)	кепка	[kepk]
boina (f)	берет	[beret]
capuz (m)	бошлакх	[bɔʃlaq]
panamá (m)	панамка	[panamk]
gorro (m) de malha	юьйцина куй	[jujʦɪn kuj]
lenço (m)	йовлакх	[jovlaq]
chapéu (m) de mulher	шляпин цуьрг	[ʃljapɪn ʦɵrg]
capacete (m) de proteção	каска	[kask]
bivaque (m)	пилотка	[pɪlɔtk]
capacete (m)	гIем	[ɣem]
chapéu-coco (m)	яй	[jaj]
chapéu (m) alto	цилиндр	[tsɪlɪndr]

36. Calçado

calçado (m)	мача	[maʧ]
botinas (f pl)	батенкаш	[batenkaʃ]
sapatos (de salto alto, etc.)	туфлеш	[tufleʃ]
botas (f pl)	эткаш	[ɛtkaʃ]
pantufas (f pl)	кIархаш	[k'arhaʃ]
ténis (m pl)	красовкаш	[krasɔvkaʃ]
sapatilhas (f pl)	кеди	[kedɪ]
sandálias (f pl)	сандалеш	[sandaleʃ]
sapateiro (m)	эткийн пхьар	[ɛtkɪːn phar]
salto (m)	кIажа	[k'aʒ]
par (m)	шиъ	[ʃɪʔ]
atacador (m)	чимчаргIа	[ʧɪmʧarɣ]

apertar os atacadores	чимчаргӀа дӀадехка	[tʃɪmtʃarɣ d'adehk]
calçadeira (f)	лайг	['ajg]
graxa (f) para calçado	мачийн крем	[matʃɪːn krem]

37. Acessórios pessoais

luvas (f pl)	карнаш	[karnaʃ]
mitenes (f pl)	каранаш	[karanaʃ]
cachecol (m)	шарф	[ʃarf]
óculos (m pl)	куьзганаш	[kʉzganaʃ]
armação (f) de óculos	куьзганийн гура	[kʉzganɪːn gur]
guarda-chuva (m)	зонтик	[zɔntɪk]
bengala (f)	ласалг	['asalg]
escova (f) para o cabelo	щётка	[ɕotk]
leque (m)	мохтухург	[mɔhtuhurg]
gravata (f)	галстук	[galstuk]
gravata-borboleta (f)	галстук-бабочка	[galstuk babɔtʃk]
suspensórios (m pl)	доьхкарш	[døhkarʃ]
lenço (m)	мерах хьокху йовлакх	[merah hɔqu jovlaq]
pente (m)	ехк	[ehk]
travessão (m)	маха	[mah]
gancho (m) de cabelo	мӀара	[m'ar]
fivela (f)	кӀега	[k'eg]
cinto (m)	доьхка	[døhk]
correia (f)	бухка	[buhk]
mala (f)	тӀормиг	[t'ɔrmɪg]
mala (f) de senhora	тӀормиг	[t'ɔrmɪg]
mochila (f)	рюкзак	[rʉkzak]

38. Vestuário. Diversos

moda (f)	мода	[mɔd]
na moda	модехь долу	[mɔdeh dɔlu]
estilista (m)	модельхо	[mɔdeljho]
colarinho (m), gola (f)	кач	[katʃ]
bolso (m)	киса	[kɪs]
de bolso	кисанан	[kɪsanan]
manga (f)	пхьош	[phɔʃ]
presilha (f)	лалам	[lalam]
braguilha (f)	ширинка	[ʃɪrɪnk]
fecho (m) de correr	догӀа	[dɔɣ]
fecho (m), colchete (m)	туьйдарг	[tʉjdarg]
botão (m)	нуьйда	[nʉjd]
casa (f) de botão	туьйдарг	[tʉjdarg]
saltar (vi) (botão, etc.)	дӀадала	[d'adal]

coser, costurar (vi)	тега	[teg]
bordar (vt)	дага	[dag]
bordado (m)	дагар	[dagar]
agulha (f)	маха	[mah]
fio (m)	тай	[taj]
costura (f)	эвна	[ɛvn]
sujar-se (vr)	бехдала	[behdal]
mancha (f)	таммаrа	[tammaɣ]
engelhar-se (vr)	хьерча	[hertʃ]
rasgar (vt)	датӏо	[dat'ɔ]
traça (f)	неца	[netʃs]

39. Cuidados pessoais. Cosméticos

pasta (f) de dentes	цергийн паста	[tsergɪ:n past]
escova (f) de dentes	цергийг щётка	[tsergɪ:g ɕotk]
escovar os dentes	цергаш цӏанъян	[tsergaʃ ts'an?jan]
máquina (f) de barbear	урс	[urs]
creme (m) de barbear	маж йошуш хьокху крем	[maʒ joʃuʃ hɔqu krem]
barbear-se (vr)	даша	[daʃ]
sabonete (m)	саба	[sab]
champô (m)	шампунь	[ʃampunj]
tesoura (f)	тукар	[tukar]
lima (f) de unhas	ков	[kɔv]
corta-unhas (m)	маӏраш йоху морзах	[ma'raʃ johu mɔrzah]
pinça (f)	пинцет	[pɪntset]
cosméticos (m pl)	косметика	[kɔsmetɪk]
máscara (f) facial	маска	[mask]
manicura (f)	маникюр	[manɪkʉr]
fazer a manicura	маникюр ян	[manɪkʉr jan]
pedicure (f)	педикюр	[pedɪkʉr]
mala (f) de maquilhagem	косметичка	[kɔsmetɪtʃk]
pó (m)	пудра	[pudr]
caixa (f) de pó	пудрадухкург	[pudraduhkurg]
blush (m)	цӏен басарш	[ts'en basarʃ]
perfume (m)	духӏи	[duh'ɪ]
água (f) de toilette	туалетан хи	[tualetan hɪ]
loção (f)	лосьон	[lɔsʲɔn]
água-de-colónia (f)	ӏатӏар	['at'ar]
sombra (f) de olhos	тенеш	[teneʃ]
lápis (m) delineador	бӏаргах хьокху къолам	[b'argah hɔqu q?ɔlam]
máscara (f), rímel (m)	тушь	[tuʃ]
batom (m)	балдех хьокху хьакхар	[baldeh hɔqu haqar]
verniz (m) de unhas	маӏрат хьокху лак	[ma'rat hɔqu lak]
laca (f) para cabelos	месашт хьокху лак	[mesaʃt hɔqu lak]

desodorizante (m)	дезодарант	[dezɔdarant]
creme (m)	крем	[krem]
creme (m) de rosto	юьхьах хьокху крем	[juhah hɔqu krem]
creme (m) de mãos	куьйгах хьокху крем	[kʉjgah hɔqu krem]
creme (m) antirrugas	хершнаш дуьхьал крем	[herʃnaʃ dʉhal krem]
de dia	дийнан	[dɪːnan]
da noite	буьйсанан	[bʉjsanan]

tampão (m)	тампон	[tampɔn]
papel (m) higiénico	хьаштагӏан кехат	[haʃtaɣan kehat]
secador (m) elétrico	месашъякъорг	[mesaʃʲjaqʔɔrg]

40. Relógios de pulso. Relógios

relógio (m) de pulso	пхьаьрсах доьхку сахьт	[phærsah døhku saht]
mostrador (m)	циферблат	[tsɪferblat]
ponteiro (m)	сахьтан цамза	[sahtan tsamz]
bracelete (f) em aço	сахьтан хӏоз	[sahtan hʼɔz]
bracelete (f) em pele	ремешок	[remeʃɔk]

pilha (f)	батарейка	[batarejk]
descarregar-se	охьахаа	[ɔhaha'a]
trocar a pilha	хийца	[hɪːts]
estar adiantado	сихадала	[sɪhadal]
estar atrasado	тӏехь лела	[tʼeh lel]

relógio (m) de parede	пенах уллу сахьт	[penah ullu saht]
ampulheta (f)	гӏамаран сахьт	[ɣamaran saht]
relógio (m) de sol	маьлхан сахьт	[mælhan saht]
despertador (m)	сомавоккху сахьт	[sɔmavɔkqu saht]
relojoeiro (m)	сахьтийн пхьар	[sahtɪːn phar]
reparar (vt)	тадан	[tadan]

EXPERIÊNCIA DO QUOTIDIANO

41. Dinheiro

dinheiro (m)	ахча	[ahtʃ]
câmbio (m)	хийцар	[hɪːtsar]
taxa (f) de câmbio	мах	[mah]
Caixa Multibanco (m)	банкомат	[bankɔmat]
moeda (f)	ахча	[ahtʃ]
dólar (m)	доллар	[dɔllar]
euro (m)	евро	[evrɔ]
lira (f)	лира	[lɪr]
marco (m)	марка	[mark]
franco (m)	франк	[frank]
libra (f) esterlina	стерлингийн фунт	[sterlɪngɪːn funt]
iene (m)	йена	[jen]
dívida (f)	декхар	[deqar]
devedor (m)	декхархо	[deqarhɔ]
emprestar (vt)	юхалург дала	[juhalurg dal]
pedir emprestado	юхалург эца	[juhalurg ɛts]
banco (m)	банк	[bank]
conta (f)	счёт	[stʃʼot]
depositar na conta	счёт тӀедилла	[stʃʼot tʼedɪll]
levantar (vt)	счёт тӀера схьаэца	[stʃʼot tʼer shaʼɛts]
cartão (m) de crédito	кредитан карта	[kredɪtan kart]
dinheiro (m) vivo	карахь долу ахча	[karah dɔlu ahtʃ]
cheque (m)	чек	[tʃek]
passar um cheque	чёт язъян	[tʃʼot jazʔjan]
livro (m) de cheques	чекан книшка	[tʃekan knɪʃk]
carteira (f)	бумаьштиг	[bumæʃtɪg]
porta-moedas (m)	бохча	[bɔhtʃ]
cofre (m)	сейф	[sejf]
herdeiro (m)	верас	[weras]
herança (f)	диснарг	[dɪsnarg]
fortuna (riqueza)	бахам	[baham]
arrendamento (m)	аренда	[arend]
renda (f) de casa	петаран мах	[petaran mah]
alugar (vt)	лаца	[lats]
preço (m)	мах	[mah]
custo (m)	мах	[mah]
soma (f)	жамӀ	[ʒamʼ]

gastar (vt)	дайа	[daj]
gastos (m pl)	харжаш	[harʒaʃ]
economizar (vi)	довзо	[dɔvzɔ]
económico	девзаш долу	[devzaʃ dɔlu]
pagar (vt)	ахча дала	[ahtʃ dal]
pagamento (m)	алапа далар	[alap dalar]
troco (m)	юхадогӀург	[juhadɔɣurg]
imposto (m)	налог	[nalɔg]
multa (f)	гӀуда	[ɣud]
multar (vt)	гӀуда тоха	[ɣud tɔh]

42. Correios. Serviço postal

correios (m pl)	пошт	[pɔʃt]
correio (m)	пошт	[pɔʃt]
carteiro (m)	почтальон	[pɔtʃtalʲɔn]
horário (m)	белхан сахьташ	[belhan sahtaʃ]
carta (f)	кехат	[kehat]
carta (f) registada	заказ дина кехат	[zakaz dɪn kehat]
postal (m)	открытк	[ɔtkrɪtk]
telegrama (m)	телеграмма	[telegramm]
encomenda (f) postal	посылка	[pɔsɪlk]
remessa (f) de dinheiro	дӀатесна ахча	[d'atesn ahtʃ]
receber (vt)	схьаэца	[shaəts]
enviar (vt)	дӀадахьийта	[d'adahɪ:t]
envio (m)	дӀадахьийтар	[d'adahɪ:tar]
endereço (m)	адрес	[adres]
código (m) postal	индекс	[ɪndeks]
remetente (m)	дӀадахьийтинарг	[d'adahɪ:tɪnarg]
destinatário (m)	схьаэцархо	[shaətsarhɔ]
nome (m)	цӀе	[ts'e]
apelido (m)	фамили	[famɪlɪ]
tarifa (f)	тариф	[tarɪf]
normal	гуттарлера	[guttarler]
económico	кхоаме	[qɔame]
peso (m)	дозалла	[dɔzall]
pesar (estabelecer o peso)	оза	[ɔz]
envelope (m)	ботт	[bɔtt]
selo (m)	марка	[mark]

43. Banca

banco (m)	банк	[bank]
sucursal, balcão (f)	отделени	[ɔtdelenɪ]

consultor (m)	консультант	[kɔnsuljtant]
gerente (m)	урхалхо	[urhalho]

conta (f)	счёт	[stʃot]
número (m) da conta	чотан номер	[tʃotan nɔmer]
conta (f) corrente	карара чот	[karar tʃot]
conta (f) poupança	накопительни чот	[nakɔpɪteljnɪ tʃot]

abrir uma conta	чот схьайелла	[tʃot shajell]
fechar uma conta	чот дӀакъовла	[tʃot d'aq?ɔvl]
depositar na conta	счёт тӀедилла	[stʃot t'edɪll]
levantar (vt)	счёт тӀера схьаэца	[stʃot t'er sha'ɛts]

depósito (m)	диллар	[dɪllar]
fazer um depósito	дилла	[dɪll]
transferência (f) bancária	дахьийтар	[dahɪ:tar]
transferir (vt)	дахьийта	[dahɪ:t]

soma (f)	жамӀ	[ʒam']
Quanto?	Мел?	[mel]

assinatura (f)	кугь	[kʉg]
assinar (vt)	кугь тало	[kʉg ta'ɔ]

cartão (m) de crédito	кредитан карта	[kredɪtan kart]
código (m)	код	[kɔd]
número (m) do cartão de crédito	кредитан картан номер	[kredɪtan kartan nɔmer]
Caixa Multibanco (m)	банкомат	[bankɔmat]

cheque (m)	чек	[tʃek]
passar um cheque	чек язъян	[tʃek jaz?jan]
livro (m) de cheques	чекан книшка	[tʃekan knɪʃk]

empréstimo (m)	кредит	[kredɪt]
pedir um empréstimo	кредит дехар	[kredɪt dehar]
obter um empréstimo	кредит эца	[kredɪt ɛts]
conceder um empréstimo	кредит далар	[kredɪt dalar]
garantia (f)	юкъархилар	[juq?arhɪlar]

44. Telefone. Conversação telefónica

telefone (m)	телефон	[telefɔn]
telemóvel (m)	мобильни телефон	[mɔbɪljnɪ telefɔn]
secretária (f) electrónica	автоответчик	[avte'otwetʃɪk]

fazer uma chamada	детта	[dett]
chamada (f)	горгали	[gɔrgalɪ]

marcar um número	номер эца	[nɔmer ɛts]
Alô!	Алло!	[allɔ]
perguntar (vt)	хатта	[hatt]
responder (vt)	жоп дала	[ʒɔp dal]
ouvir (vt)	хаза	[haz]

bem	дика ду	[dɪk du]
mal	вон ду	[vɔn du]
ruído (m)	новкъарлонаш	[nɔvqʔarlɔnaʃ]

auscultador (m)	луьлла	[lʉll]
pegar o telefone	луьлла эца	[lʉll ɛts]
desligar (vi)	луьлла охьайилла	[lʉll ɔhajɪll]

ocupado	мукъа доцу	[muqʔ dɔtsu]
tocar (vi)	етта	[ett]
lista (f) telefónica	телефонан книга	[telefɔnan knɪg]

chamada (f) local	меттигара	[mettɪgar]
para outra cidade	гӏаланашна юккъера	[ɣalanaʃn jukqʔer]
internacional	гӏаланашна юккъера	[ɣalanaʃn jukqʔer]

45. Telefone móvel

telemóvel (m)	мобильни телефон	[mɔbɪljnɪ telefɔn]
ecrã (m)	дисплей	[dɪsplej]
botão (m)	кнопка	[knɔpk]
cartão SIM (m)	SIM-карта	[sɪm kart]

bateria (f)	батарей	[batarej]
descarregar-se	кхачадала	[qatʃadal]
carregador (m)	юзаран гӏирс	[juzaran ɣɪrs]

menu (m)	меню	[menʉ]
definições (f pl)	настройкаш	[nastrɔjkaʃ]
melodia (f)	мукъам	[muqʔam]
escolher (vt)	харжа	[harʒ]

calculadora (f)	калькулятор	[kaljkuljatɔr]
correio (m) de voz	автоответчик	[avtɔ'otwetʃɪk]
despertador (m)	сомавоккху сахьт	[sɔmavɔkqu saht]
contatos (m pl)	телефонан книга	[telefɔnan knɪg]

| mensagem (f) de texto | SMS-хаам | [ɛsɛmɛs ha'am] |
| assinante (m) | абонент | [abɔnent] |

46. Estacionário

| caneta (f) | авторучка | [avtɔrutʃk] |
| caneta (f) tinteiro | перо | [perɔ] |

lápis (m)	къолам	[qʔɔlam]
marcador (m)	маркер	[marker]
caneta (f) de feltro	фломастер	[flɔmaster]

bloco (m) de notas	блокнот	[blɔknɔt]
agenda (f)	ежедневник	[eʒednevnɪk]
régua (f)	линейка	[lɪnejk]

calculadora (f)	калькулятор	[kaljkuljatɔr]
borracha (f)	лаьстиг	[læstɪg]
pionés (m)	кнопка	[knɔpk]
clipe (m)	маlар	[ma'ar]

cola (f)	клей	[klej]
agrafador (m)	степлер	[stepler]
furador (m)	lуьргашдохург	['ʉrgaʃdɔhurg]
afia-lápis (m)	точилк	[tɔtʃɪlk]

47. Línguas estrangeiras

língua (f)	мотт	[mɔtt]
língua (f) estrangeira	кхечу мехкийн мотт	[qetʃu mehkɪːn mɔtt]
estudar (vt)	lамо	['amɔ]
aprender (vt)	lамо	['amɔ]

ler (vt)	еша	[eʃ]
falar (vi)	дийца	[dɪːts]
compreender (vt)	кхета	[qet]
escrever (vt)	яздан	[jazdan]

rapidamente	сиха	[sɪh]
devagar	меллаша	[mellaʃ]
fluentemente	паргlат	[parɣat]

regras (f pl)	бакъонаш	[baq?ɔnaʃ]
gramática (f)	грамматика	[grammatɪk]
vocabulário (m)	лексика	[leksɪk]
fonética (f)	фонетика	[fɔnetɪk]

manual (m) escolar	учебник	[utʃebnɪk]
dicionário (m)	дошам, словарь	[dɔʃam], [slɔvarʲ]
manual (m) de autoaprendizagem	lамалург	['amalurg]
guia (m) de conversação	къамеllаморг	[q?amel'amɔrg]

cassete (f)	кассета	[kasset]
vídeo cassete (m)	видеокассета	[wɪdeɔkasset]
CD (m)	CD	[sɪdɪ]
DVD (m)	DVD	[dɪwɪdɪ]

alfabeto (m)	алфавит	[alfawɪt]
soletrar (vt)	элпашц мотт бийца	[ɛlpaʃts mɔtt bɪːts]
pronúncia (f)	алар	[alar]

sotaque (m)	акцент	[aktsent]
com sotaque	акцент	[aktsent]
sem sotaque	акцент ца хила	[aktsent tsə hɪl]

palavra (f)	дош	[dɔʃ]
sentido (m)	маьна	[mæ'n]
cursos (m pl)	курсаш	[kursaʃ]
inscrever-se (vr)	дlаяздала	[d'ajazdal]

professor (m)	хьехархо	[heharhɔ]
tradução (processo)	дахьийтар	[dɑhɪ:tɑr]
tradução (texto)	гоч дар	[gɔʧ dɑr]
tradutor (m)	талмаж	[tɑlmɑʒ]
intérprete (m)	талмаж	[tɑlmɑʒ]
poliglota (m)	полиглот	[pɔlɪglɔt]
memória (f)	эс	[ɛs]

REFEIÇÕES. RESTAURANTE

48. Por a mesa

colher (f)	lайг	['ɑjg]
faca (f)	урс	[urs]
garfo (m)	мIара	[m'ɑr]
chávena (f)	кад	[kɑd]
prato (m)	бошхап	[bɔʃhap]
pires (m)	бошхап	[bɔʃhap]
guardanapo (m)	салфетка	[salfetk]
palito (m)	цергахъIуттург	[ʦergah?əutturg]

49. Restaurante

restaurante (m)	ресторан	[restɔran]
café (m)	кофейни	[kɔfejnɪ]
bar (m), cervejaria (f)	бар	[bar]
salão (m) de chá	чайнан салон	[ʧajnan salɔn]
empregado (m) de mesa	официант	[ɔfɪʦɪant]
empregada (f) de mesa	официантка	[ɔfɪʦɪantk]
barman (m)	бармен	[barmen]
ementa (f)	меню	[menʉ]
lista (f) de vinhos	чаIаран карта	[ʧaɣaran kart]
reservar uma mesa	стол цхьанна тIехь чIарIдан	[stɔl ʦhann t'eh ʧ'aɣdan]
prato (m)	даар	[da'ar]
pedir (vt)	заказ ян	[zakaz jan]
fazer o pedido	заказ ян	[zakaz jan]
aperitivo (m)	аперетив	[aperetɪv]
entrada (f)	тIекхоллург	[t'eqɔllurg]
sobremesa (f)	десерт	[desert]
conta (f)	счёт	[stʃ'ot]
pagar a conta	счётан мах бала	[stʃ'otan mah bal]
dar o troco	юхадогIург дала	[juhadɔɣurg dal]
gorjeta (f)	чайнна хIума	[ʧajnn h'um]

50. Refeições

comida (f)	даар	[da'ar]
comer (vt)	яаа	[ja'a]

pequeno-almoço (m)	марта	[mart]
tomar o pequeno-almoço	марта даа	[mart da'a]
almoço (m)	делкъан кхача	[delqʔan qatʃ]
almoçar (vi)	делкъана хӏума яа	[delqʔan h'um ja'a]
jantar (m)	пхьор	[phɔr]
jantar (vi)	пхьор дан	[phɔr dan]

apetite (m)	аппетит	[appetɪt]
Bom apetite!	Гӏоза дойла!	[ɣɔz dɔɪ:l]

abrir (~ uma lata, etc.)	схьаела	[shajel]
derramar (vt)	ӏано	['anɔ]
derramar-se (vr)	ӏана	['an]

ferver (vi)	кхехка	[qehk]
ferver (vt)	кхехко	[qehkɔ]
fervido	кхехкийна	[qehkɪ:n]
arrefecer (vt)	шелдан	[ʃəldan]
arrefecer-se (vr)	шелдала	[ʃəldal]

sabor, gosto (m)	чам	[tʃam]
gostinho (m)	кхин чам	[qɪn tʃam]

fazer dieta	аздала	[azdal]
dieta (f)	диета	[dɪet]
vitamina (f)	втамин	[vtamɪn]
caloria (f)	калорий	[kalɔrɪ:]
vegetariano (m)	дилхазахо	[dɪlhazaho]
vegetariano	дилхаза	[dɪlhaz]

gorduras (f pl)	дилхдаьтта	[dɪlhdætt]
proteínas (f pl)	кӏайн хӏоа	[k'ajn h'ɔ'a]
carboidratos (m pl)	углеводаш	[uglevɔdaʃ]
fatia (~ de limão, etc.)	цастар	[tsastar]
pedaço (~ de bolo)	юьхк	[juhk]
migalha (f)	цуьрг	[tsurg]

51. Pratos cozinhados

prato (m)	даар	[da'ar]
cozinha (~ portuguesa)	даарш	[da'arʃ]
receita (f)	рецепт	[retsept]
porção (f)	порци	[portsɪ]

salada (f)	салат	[salat]
sopa (f)	чорпа	[tʃɔrp]

caldo (m)	чорпа	[tʃɔrp]
sandes (f)	бутерброд	[buterbrɔd]
ovos (m pl) estrelados	хӏоаш	[h'ɔ'aʃ]

hambúrguer (m)	гамбургер	[gamburger]
bife (m)	бифштекс	[bɪfʃteks]
conduto (m)	гарнир	[garnɪr]

espaguete (m)	спагетти	[spagettɪ]
puré (m) de batata	картолийн худар	[kartɔlɪːn hudar]
pizza (f)	пицца	[pɪts]
papa (f)	худар	[hudar]
omelete (f)	омлет	[ɔmlet]

cozido em água	кхехкийна	[qehkɪːn]
fumado	кхаьгна	[qæɡn]
frito	кхерзина	[qerzɪn]
seco	дакъийна	[daqʔɪːn]
congelado	гӀорийна	[ɣɔrɪːn]
em conserva	берамала доьллина	[beramal døllɪn]

doce (açucarado)	мерза	[merz]
salgado	дуьра	[dʉr]
frio	шийла	[ʃɪːl]
quente	довха	[dɔvh]
amargo	къаьхьа	[qʔæh]
gostoso	чоме	[tʃɔme]

cozinhar (em água a ferver)	кхехко	[qehkɔ]
fazer, preparar (vt)	кечдан	[ketʃdan]
fritar (vt)	кхарза	[qarz]
aquecer (vt)	дохдан	[dɔhdan]

salgar (vt)	туьха таса	[tʉha tas]
apimentar (vt)	бурч таса	[burtʃ tas]
ralar (vt)	сатоха	[satɔh]
casca (f)	чкъуьйриг	[tʃqʔʉjrɪɡ]
descascar (vt)	цӀанъян	[tsʼanʔjan]

52. Comida

carne (f)	жижиг	[ʒɪʒɪɡ]
galinha (f)	котам	[kɔtam]
frango (m)	кӀорни	[kʼɔrnɪ]
pato (m)	бад	[bad]
ganso (m)	гӀаз	[ɣaz]
caça (f)	экха	[ɛq]
peru (m)	москал-котам	[mɔskal kɔtam]

carne (f) de porco	хьакхин жижиг	[haqɪn ʒɪʒɪɡ]
carne (f) de vitela	эсан жижиг	[ɛsan ʒɪʒɪɡ]
carne (f) de carneiro	уьстагӀан жижиг	[ʉstaɣan ʒɪʒɪɡ]
carne (f) de vaca	бежанан жижиг	[beʒanan ʒɪʒɪɡ]
carne (f) de coelho	пхьагал	[phagal]

chouriço, salsichão (m)	марш	[marʃ]
salsicha (f)	йоьхь	[jøh]
bacon (m)	бекон	[bekɔn]
fiambre (f)	дакъийна хьакхин жижиг	[daqʔɪːn haqɪn ʒɪʒɪɡ]
presunto (m)	хьакхин гӀоӀ	[haqɪn ɣɔɣ]
patê (m)	паштет	[paʃtet]
fígado (m)	доӀах	[dɔʔah]

carne (f) moída	аьхьана жижиг	[æhɑn ʒɪʒɪg]
língua (f)	мотт	[mɔtt]
ovo (m)	хӀоа	[h'ɔ'a]
ovos (m pl)	хӀоаш	[h'ɔ'aʃ]
clara (f) do ovo	кӀайн хӀоа	[k'ajn h'ɔ'a]
gema (f) do ovo	буьйра	[bʉjr]
peixe (m)	чӀара	[tʃ'ar]
marisco (m)	хӀордан сурсаташ	[h'ɔrdɑn sursɑtɑʃ]
caviar (m)	зирх	[zɪrh]
caranguejo (m)	краб	[krɑb]
camarão (m)	креветка	[krewetk]
ostra (f)	устрица	[ustrɪts]
lagosta (f)	лангуст	[lɑngust]
polvo (m)	бархӀкогберг	[bɑrh'kɔgberg]
lula (f)	кальмар	[kaljmar]
esturjão (m)	ирӀгӀу	[ɪrɣu]
salmão (m)	лосось	[lɔsɔsʲ]
halibute (m)	палтус	[pɑltus]
bacalhau (m)	треска	[tresk]
cavala, sarda (f)	скумбри	[skumbrɪ]
atum (m)	тунец	[tunets]
enguia (f)	жӀаьлин чӀара	[ʒ'ælɪn tʃ'ar]
truta (f)	бакъ чӀара	[baq? tʃ'ar]
sardinha (f)	сардина	[sɑrdɪn]
lúcio (m)	гӀазкхийн чӀара	[ɣazqɪːn tʃ'ar]
arenque (m)	сельдь	[seljdʲ]
pão (m)	бепиг	[bepɪg]
queijo (m)	нехча	[nehtʃ]
açúcar (m)	шекар	[ʃəkar]
sal (m)	туьха	[tʉh]
arroz (m)	дуга	[dug]
massas (f pl)	макаронаш	[mɑkarɔnɑʃ]
talharim (m)	гарзанаш	[garzanɑʃ]
manteiga (f)	налха	[nɑlh]
óleo (m) vegetal	ораматийн даьтта	[ɔrɑmatɪːn dætt]
óleo (m) de girassol	хӀун даьтта	[h'un dætt]
margarina (f)	маргарин	[mɑrgarɪn]
azeitonas (f pl)	оливкаш	[ɔlɪvkaʃ]
azeite (m)	оливкан даьтта	[ɔlɪvkan dætt]
leite (m)	шура	[ʃur]
leite (m) condensado	юкъийна шура	[juq?jɪn ʃur]
iogurte (m)	йогурт	[jogurt]
nata (f)	тӀо	[t'ɔ]
nata (f) do leite	гӀаймакх	[ɣajmaq]
maionese (f)	майнез	[majnez]

creme (m)	крем	[krem]
grãos (m pl) de cereais	лов	['ɔv]
farinha (f)	дама	[dam]
enlatados (m pl)	консерваш	[kɔnservaʃ]

flocos (m pl) de milho	хьаьжкӏийн чуьппалгаш	[hæʒk'ɪːn ʧʉppalgaʃ]
mel (m)	моз	[mɔz]
doce (m)	джем	[ʤem]
pastilha (f) elástica	серлаз	[seɣaz]

53. Bebidas

água (f)	хи	[hɪ]
água (f) potável	молу хи	[mɔlu hɪ]
água (f) mineral	дарбане хи	[darbane hɪ]

sem gás	газ йоцуш	[gaz jotsuʃ]
gaseificada	газ тоьхна	[gaz tøhn]
com gás	газ йолуш	[gaz joluʃ]
gelo (m)	ша	[ʃ]
com gelo	ша болуш	[ʃa bɔluʃ]

sem álcool	алкоголь йоцу	[alkɔgɔlj jotsu]
bebida (f) sem álcool	алкоголь йоцу маларш	[alkɔgɔlj jotsu malarʃ]
refresco (m)	хьогаллин малар	[hɔgallɪn malar]
limonada (f)	лимонад	[lɪmɔnad]

bebidas (f pl) alcoólicas	алкоголь йолу маларш	[alkɔgɔlj jolu malarʃ]
vinho (m)	чӏагар	[ʧaɣar]
vinho (m) branco	кӏай чӏагар	[k'aj ʧaɣar]
vinho (m) tinto	цӏен чӏагар	[ts'en ʧaɣar]

licor (m)	ликёр	[lɪk'or]
champanhe (m)	шампански	[ʃampanskɪ]
vermute (m)	вермут	[wermut]

uísque (m)	виски	[wɪskɪ]
vodka (f)	къаьракъа	[q?æraq?]
gim (m)	джин	[ʤɪn]
conhaque (m)	коньяк	[kɔnjak]
rum (m)	ром	[rɔm]

café (m)	къахьо	[q?ahɔ]
café (m) puro	ӏаьржа къахьо	['ærʒ q?ahɔ]
café (m) com leite	шура тоьхна къахьо	[ʃur tøhn q?ahɔ]
cappuccino (m)	гӏаймакх тоьхна къахьо	[ɣajmaq tøhn q?ahɔ]
café (m) solúvel	дешаш долу къахьо	[deʃaʃ dɔlu q?ahɔ]

leite (m)	шура	[ʃur]
coquetel (m)	коктейль	[kɔktejlj]
batido (m) de leite	шурин коктейль	[ʃurɪn kɔktejlj]

| sumo (m) | мутта | [mutt] |
| sumo (m) de tomate | помидорийн мутта | [pɔmɪdɔrɪːn mutt] |

| sumo (m) de laranja | апельсинан мутта | [apeljsınan mutt] |
| sumo (m) fresco | керла йаккха мутта | [kerl jɑkq mutt] |

cerveja (f)	йий	[jɪː]
cerveja (f) clara	сирла йий	[sɪrl jɪː]
cerveja (f) preta	Iаьржа йий	['ærʒ jɪː]

chá (m)	чай	[ʧɑj]
chá (m) preto	Iаьржа чай	['ærʒ ʧɑj]
chá (m) verde	баьццара чай	[bætsɑr ʧɑj]

54. Vegetais

| legumes (m pl) | хасстоьмаш | [hasstømɑʃ] |
| verduras (f pl) | гIабуц | [ɣɑbuʦ] |

tomate (m)	помидор	[pɔmɪdɔr]
pepino (m)	наьрс	[nærs]
cenoura (f)	жIонка	[ʒ'ɔnk]
batata (f)	картол	[kɑrtɔl]
cebola (f)	хох	[hoh]
alho (m)	саьрмасекх	[særmɑseq]

couve (f)	копаста	[kɔpast]
couve-flor (f)	къорза копаста	[q?ɔrz kɔpast]
couve-de-bruxelas (f)	брюссельски копаста	[brʉsseljskɪ kɔpast]
brócolos (m pl)	брокколи копаст	[brɔkkɔlɪ kɔpast]
beterraba (f)	бурак	[burɑk]
beringela (f)	баклажан	[bɑklɑʒan]
curgete (f)	кабачок	[kɑbɑʧ'ɔk]
abóbora (f)	гIабакх	[ɣɑbɑq]
nabo (m)	хорсам	[horsɑm]

salsa (f)	чам-буц	[ʧɑm buʦ]
funcho, endro (m)	оччам	[ɔʧ'ɑm]
alface (f)	салат	[sɑlɑt]
aipo (m)	сельдерей	[seljderej]
espargo (m)	спаржа	[spɑrʒ]
espinafre (m)	шпинат	[ʃpɪnat]
ervilha (f)	кхоьш	[qøʃ]
fava (f)	кхоьш	[qøʃ]
milho (m)	хьаьжкIа	[hæʒk']
feijão (m)	кхоь	[qø]

pimentão (m)	бурч	[burʧ]
rabanete (m)	цIен хорсам	[ts'en horsɑm]
alcachofra (f)	артишок	[ɑrtɪʃɔk]

55. Frutos. Nozes

| fruta (f) | стом | [stɔm] |
| maçã (f) | Iаж | ['ɑʒ] |

pera (f)	кхор	[qɔr]
limão (m)	лимон	[lɪmɔn]
laranja (f)	апельсин	[apeljsɪn]
morango (m)	цӀазам	[ts'azam]

tangerina (f)	мандарин	[mandarɪn]
ameixa (f)	хьач	[hatʃ]
pêssego (m)	гӀаммагӀа	[ɣammaɣ]
damasco (m)	туьрк	[tʉrk]
framboesa (f)	комар	[kɔmar]
ananás (m)	ананас	[ananas]

banana (f)	банан	[banan]
melancia (f)	хорбаз	[horbaz]
uva (f)	кемсаш	[kemsaʃ]
ginja, cereja (f)	балл	[ball]
meloa (f)	гӀабакх	[ɣabaq]

toranja (f)	грейпфрут	[grejpfrut]
abacate (m)	авокадо	[avɔkadɔ]
papaia (f)	папайя	[papaj]
manga (f)	манго	[mangɔ]
romã (f)	гранат	[granat]

groselha (f) vermelha	цӀен кхезарш	[ts'en qezarʃ]
groselha (f) preta	Ӏаьржа кхезарш	['ærʒ qezarʃ]
groselha (f) espinhosa	кӀудалгаш	[k'udalgaʃ]
mirtilo (m)	Ӏаьржа балл	['ærʒ ball]
amora silvestre (f)	мангалкомар	[mangalkɔmar]

uvas (f pl) passas	кишмаш	[kɪʃmaʃ]
figo (m)	инжир	[ɪnʒɪr]
tâmara (f)	хурма	[hurm]

amendoim (m)	орахис	[ɔrahɪs]
amêndoa (f)	миндаль	[mɪndalj]
noz (f)	бочабӀар	[bɔtʃab'ar]
avelã (f)	хӀунан бӀар	[h'unan bar]
coco (m)	кокосови бӀар	[kɔkɔsɔwɪ b'ar]
pistáchios (m pl)	фисташкаш	[fɪstaʃkaʃ]

56. Pão. Bolaria

pastelaria (f)	кхачанан хӀуманаш	[qatʃanan h'umanaʃ]
pão (m)	бепиг	[bepɪg]
bolacha (f)	пичени	[pɪtʃenɪ]

chocolate (m)	шоколад	[ʃɔkɔlad]
de chocolate	шоколадан	[ʃɔkɔladan]
rebuçado (m)	кемпет	[kempet]
bolo (cupcake, etc.)	пирожни	[pɪrɔʒnɪ]
bolo (m) de aniversário	торт	[tɔrt]
tarte (~ de maçã)	чуда	[tʃud]
recheio (m)	чуйоьллинарг	[tʃujøllɪnarg]

doce (m)	варени	[vɑrenɪ]
geleia (f) de frutas	мармелад	[mɑrmelɑd]
waffle (m)	вафлеш	[vɑfleʃ]
gelado (m)	морожени	[mɔrɔʒenɪ]

57. Especiarias

sal (m)	туьха	[tʉh]
salgado	дуьра	[dʉr]
salgar (vt)	туьха таса	[tʉha tɑs]

pimenta (f) preta	Iаьржа бурч	['ærʒ burʧ]
pimenta (f) vermelha	цIен бурч	[ts'en burʧ]
mostarda (f)	кIолла	[k'ɔll]
raiz-forte (f)	кIон орам	[k'ɔn ɔrɑm]

condimento (m)	чамбийриг	[ʧɑmbɪːrɪg]
especiaria (f)	мерза юург	[merʒ juʼurg]
molho (m)	берам	[berɑm]
vinagre (m)	къонза	[qʔɔnz]

anis (m)	анис	[ɑnɪs]
manjericão (m)	базилик	[bɑzɪlɪk]
cravo (m)	гвоздика	[gvɔzdɪk]
gengibre (m)	Iамбар	['ɑmbɑr]
coentro (m)	кориандр	[kɔrɪɑndr]
canela (f)	корица	[kɔrɪʦ]

sésamo (m)	кунжут	[kunʒut]
folhas (f pl) de louro	лавран гIа	[lɑvrɑn ɣɑ]
páprica (f)	паприка	[pɑprɪk]
cominho (m)	циц	[ʦɪʦ]
açafrão (m)	шафран	[ʃɑfrɑn]

INFORMAÇÃO PESSOAL. FAMÍLIA

58. Informação pessoal. Formulários

nome (m)	цlе	[ts'e]
apelido (m)	фамили	[famɪlɪ]
data (f) de nascimento	вина терахь	[wɪn terah]
local (m) de nascimento	вина меттиг	[wɪn mettɪg]
nacionalidade (f)	къам	[qʔam]
lugar (m) de residência	веха меттиг	[weha mettɪg]
país (m)	мохк	[mɔhk]
profissão (f)	говзалла	[gɔvzall]
sexo (m)	стен-боьршалла	[sten børʃall]
estatura (f)	локхалла	[lɔqall]
peso (m)	дозалла	[dɔzall]

59. Membros da família. Parentes

mãe (f)	нана	[nan]
pai (m)	да	[d]
filho (m)	вол	[vɔʕ]
filha (f)	йол	[jɔʕ]
filha (f) mais nova	жимаха йол	[ʒɪmaha jɔʕ]
filho (m) mais novo	жимаха вол	[ʒɪmaha vɔʕ]
filha (f) mais velha	йоккхаха йол	[jokqaha jɔʕ]
filho (m) mais velho	воккхаха вол	[vokqaha vɔʕ]
irmão (m)	ваша	[vaʃ]
irmã (f)	йиша	[jɪʃ]
primo (m)	шича	[ʃɪtʃ]
prima (f)	шича	[ʃɪtʃ]
mamã (f)	нана	[nan]
papá (m)	дада	[dad]
pais (pl)	да-нана	[də nan]
criança (f)	бер	[ber]
crianças (f pl)	бераш	[beraʃ]
avó (f)	баба	[bab]
avô (m)	дада	[dad]
neto (m)	кlентан, йоlан кlант	[k'entan], [jo'an k'ant]
neta (f)	кlентан, йоlан йол	[k'entan], [jo'an jɔʕ]
netos (pl)	кlентан, йоlан бераш	[k'entan], [jo'an beraʃ]
tio (m)	ден ваша, ненан ваша	[den vaʃ], [nenan vaʃ]
tia (f)	деца, неца	[dets], [nets]

| sobrinho (m) | вешин кӀант, йишин кӀант | [weʃɪn k'ant], [jɪʃɪn k'ant] |
| sobrinha (f) | вешин йоӀ, йишин йоӀ | [weʃɪn joʕ], [jɪʃɪn joʕ] |

sogra (f)	стуннана	[stunnan]
sogro (m)	марда	[mard]
genro (m)	нуц	[nuʦ]
madrasta (f)	десте	[deste]
padrasto (m)	ненан майра	[nenan majr]

criança (f) de colo	декхаш долу бер	[deqaʃ dɔlu ber]
bebé (m)	бер	[ber]
menino (m)	жиманиг	[ʒɪmanɪg]

mulher (f)	зуда	[zud]
marido (m)	майра	[majr]
esposo (m)	майра	[majr]
esposa (f)	сесаг	[sesag]

casado	зуда ялийна	[zud jalɪːn]
casada	марехь	[mareh]
solteiro	зуда ялоза	[zud jalɔz]
solteirão (m)	зуда йоцург	[zud joʦurg]
divorciado	йитина	[jɪtɪn]
viúva (f)	жеро	[ʒerɔ]
viúvo (m)	жера-стаг	[ʒer stag]

parente (m)	гергара стаг	[gergar stag]
parente (m) próximo	юххера гергара стаг	[juher gergar stag]
parente (m) distante	генара гергара стаг	[genar gergar stag]
parentes (m pl)	гергара нах	[gergar nah]

órfão (m), órfã (f)	бо	[bɔ]
tutor (m)	верас	[weras]
adotar (um filho)	кӀантан хӀотта	[k'antan h'ɔtt]
adotar (uma filha)	йоьӀан да хӀотта	[jøʕan da h'ɔtt]

60. Amigos. Colegas de trabalho

amigo (m)	доттагӀ	[dɔttaɣ]
amiga (f)	доттагӀ	[dɔttaɣ]
amizade (f)	доттагӀалла	[dɔttaɣall]
ser amigos	доттагӀалла лело	[dɔttaɣall lelɔ]

amigo (m)	доттагӀ	[dɔttaɣ]
amiga (f)	доттагӀ	[dɔttaɣ]
parceiro (m)	декъашхо	[deqʔaʃho]

chefe (m)	куьйгалхо	[kʉjgalhɔ]
superior (m)	хьаькам	[hækam]
subordinado (m)	муьтӀахь верг	[mʉt'ah werg]
colega (m)	коллега	[kɔlleg]

| conhecido (m) | вевза стаг | [wevz stag] |
| companheiro (m) de viagem | некъаннакъост | [neqʔannaqʔɔst] |

colega (m) de classe	**классхо**	[klassho]
vizinho (m)	**лулахо**	[lulaho]
vizinha (f)	**лулахо**	[lulaho]
vizinhos (pl)	**лулахой**	[lulahoj]

CORPO HUMANO. MEDICINA

61. Cabeça

cabeça (f)	корта	[kɔrt]
cara (f)	юьхь	[juh]
nariz (m)	мара	[mɑr]
boca (f)	бага	[bɑg]
olho (m)	блаьрга	[b'ærg]
olhos (m pl)	блаьргаш	[b'ærgɑʃ]
pupila (f)	йолблаьрг	[joʼbʼærg]
sobrancelha (f)	цIоцкъам	[ts'ɔtsqʔɑm]
pestana (f)	бларган негIарийн чоьш	[b'ɑrgɑn neɣɑrɪ:n tʃøʃ]
pálpebra (f)	блаьрганегIар	[b'ærgɑneɣɑr]
língua (f)	мотт	[mɔtt]
dente (m)	церг	[tserg]
lábios (m pl)	балдаш	[bɑldɑʃ]
maçãs (f pl) do rosto	блаьрадаьлахкаш	[b'ærɑdæʼɑhkɑʃ]
gengiva (f)	доьлаш	[dølɑʃ]
paladar (m)	стигал	[stɪgɑl]
narinas (f pl)	меран Iуьргаш	[merɑn 'ʉrgɑʃ]
queixo (m)	чIениг	[tʃ'enɪg]
mandíbula (f)	мочхал	[mɔtʃhɑl]
bochecha (f)	бесни	[besnɪ]
testa (f)	хьаж	[hɑʒ]
têmpora (f)	лергаюх	[lergɑjuh]
orelha (f)	лерг	[lerg]
nuca (f)	кIесаркIаг	[k'esɑrk'ɑg]
pescoço (m)	ворта	[vɔrt]
garganta (f)	къамкъарг	[qʔɑmqʔɑrg]
cabelos (m pl)	месаш	[mesɑʃ]
penteado (m)	тойина месаш	[tɔjɪn mesɑʃ]
corte (m) de cabelo	месаш дIахедор	[mesɑʃ d'ɑhedɔr]
peruca (f)	парик	[pɑrɪk]
bigode (m)	мекхаш	[meqɑʃ]
barba (f)	маж	[mɑʒ]
usar, ter (~ barba, etc.)	лело	[lelɔ]
trança (f)	кIажар	[k'ɑʒɑr]
suíças (f pl)	бакенбардаш	[bɑkenbɑrdɑʃ]
ruivo	хьаьрса	[hærs]
grisalho	къоьжа	[qʔøʒ]
calvo	кIунзал	[k'unzɑl]
calva (f)	кIунзал	[k'unzɑl]

rabo-de-cavalo (m)	цIога	[tsʼɔg]
franja (f)	кIужаI	[kʼuʒɑl]

62. Corpo humano

mão (f)	тIара	[tʼɑr]
braço (m)	куьйг	[kʉjg]

dedo (m)	пIелг	[pʼelg]
polegar (m)	нана пIелг	[nɑn pʼelg]
dedo (m) mindinho	цIаза-пIелг	[tsʼɑz pʼelg]
unha (f)	мIара	[mʼɑr]

punho (m)	буй	[buj]
palma (f) da mão	кераюкъ	[kerɑjuqʔ]
pulso (m)	куьйган хьакхолг	[kʉjgɑn hɑqɔlg]
antebraço (m)	пхьарс	[phɑrs]
cotovelo (m)	гола	[gɔl]
ombro (m)	белш	[belʃ]

perna (f)	ког	[kɔg]
pé (m)	коган кIело	[kɔgɑn kʼelɔ]
joelho (m)	гола	[gɔl]
barriga (f) da perna	пхьид	[phɪd]
anca (f)	варе	[vɑre]
calcanhar (m)	кIажа	[kʼɑʒ]

corpo (m)	дерI	[deɣ]
barriga (f)	гай	[gɑj]
peito (m)	накха	[nɑq]
seio (m)	накха	[nɑq]
lado (m)	арло	[ˈɑɣɔ]
costas (f pl)	букъ	[buqʔ]
região (f) lombar	хоттарш	[hottɑrʃ]
cintura (f)	гIодаюкъ	[ɣɔdɑjuqʔ]

umbigo (m)	цIонга	[tsʼɔng]
nádegas (f pl)	хенан маьиг	[henɑn mæʼɪg]
traseiro (m)	тIехье	[tʼehe]

sinal (m)	кIеда	[kʼed]
sinal (m) de nascença	минга	[mɪng]
tatuagem (f)	дагар	[dɑgɑr]
cicatriz (f)	мо	[mɔ]

63. Doenças

doença (f)	лазар	[lazar]
estar doente	цомгуш хила	[tsɔmguʃ hɪl]
saúde (f)	могушалла	[mɔguʃɑll]
nariz (m) a escorrer	шелвалар	[ʃəlvɑlɑr]
amigdalite (f)	ангина	[ɑngɪn]

constipação (f)	шелдалар	[ʃəldalar]
constipar-se (vr)	шелдала	[ʃəldal]
bronquite (f)	бронхит	[brɔnhɪt]
pneumonia (f)	пехашна хьу кхетар	[pehaʃn hu qetar]
gripe (f)	грипп	[grɪpp]
míope	бӀорзагал	[bʼɔrzagal]
presbita	генара гун	[genar gun]
estrabismo (m)	бӀарӀапа хилар	[bʼaɣar hɪlar]
estrábico	бӀарӀапа	[bʼaɣar]
catarata (f)	бӀаьрган марха	[bʼærgan marh]
glaucoma (m)	глаукома	[glaukɔm]
AVC (m), apoplexia (f)	инсульт	[ɪnsuljt]
ataque (m) cardíaco	дог датӀар	[dɔg datʼar]
enfarte (m) do miocárdio	миокардан инфаркт	[mɪɔkardan ɪnfarkt]
paralisia (f)	энаш лацар	[ɛnaʃ latsar]
paralisar (vt)	энаша лаца	[ɛnaʃ lats]
alergia (f)	аллергий	[allergɪ:]
asma (f)	астма	[astm]
diabetes (f)	диабет	[dɪabet]
dor (f) de dentes	цергийн лазар	[tsergɪ:n lazar]
cárie (f)	кариес	[karɪes]
diarreia (f)	диарея	[dɪarej]
prisão (f) de ventre	чо юкъялар	[tʃɔ juqʔjalar]
desarranjo (m) intestinal	чохьлазар	[tʃɔhlazar]
intoxicação (f) alimentar	отравлени	[ɔtravlenɪ]
intoxicar-se	кхачанан отравлени	[qatʃanan ɔtravlenɪ]
artrite (f)	артрит	[artrɪt]
raquitismo (m)	рахит-цамгар	[rahɪt tsamgar]
reumatismo (m)	энаш	[ɛnaʃ]
arteriosclerose (f)	атеросклероз	[aterɔsklerɔz]
gastrite (f)	гастрит	[gastrɪt]
apendicite (f)	сов йоьхь дестар	[sɔv jøh destar]
colecistite (f)	холецистит	[hɔletsɪstɪt]
úlcera (f)	дал	[daʕ]
sarampo (m)	кхартанаш	[qartanaʃ]
rubéola (f)	хьара	[har]
iterícia (f)	маждар	[maʒdar]
hepatite (f)	гепатит	[gepatɪt]
esquizofrenia (f)	шизофрени	[ʃɪzɔfrenɪ]
raiva (f)	хьарадалар	[haradalar]
neurose (f)	невроз	[nevrɔz]
comoção (f) cerebral	хье лазор	[he lazɔr]
cancro (m)	дал	[daʕ]
esclerose (f)	склероз	[sklerɔz]
esclerose (f) múltipla	тидаме доцу	[tɪdame dɔtsu]

alcoolismo (m)	алкоголан цамгар	[alkɔgɔlan tsamgar]
alcoólico (m)	алкоголхо	[alkɔgɔlho]
sífilis (f)	чӀурамцамгар	[tʃʼuramtsamgar]
SIDA (f)	СПИД	[spɪd]

tumor (m)	дестар	[destar]
maligno	кхераме	[qerame]
benigno	зуламе доцу	[zulame dɔtsu]

febre (f)	хорша	[horʃ]
malária (f)	хорша	[horʃ]
gangrena (f)	гангрена	[gangren]
enjoo (m)	хӀорд хьахар	[hʼɔrd hahar]
epilepsia (f)	эпилепси	[ɛpɪlepsɪ]

epidemia (f)	ун	[un]
tifo (m)	тиф	[tɪf]
tuberculose (f)	йовхарийн цамгар	[jovharɪ:n tsamgar]
cólera (f)	чоьнан ун	[tʃønan un]
peste (f)	лаьржа ун	[ˈærʒ un]

64. Simtomas. Tratamentos. Parte 1

sintoma (m)	билгало	[bɪlgalɔ]
temperatura (f)	температура	[temperatur]
febre (f)	лекха температур	[leq temperatur]
pulso (m)	синпха	[sɪnph]

vertigem (f)	корта хьовзар	[kɔrt hɔvzar]
quente (testa, etc.)	довха	[dɔvh]
calafrio (m)	шелона дегадар	[ʃelɔn degadar]
pálido	беда	[bed]

tosse (f)	йовхарш	[jovharʃ]
tossir (vi)	йовхарш етта	[jovharʃ ett]
espirrar (vi)	хьоршамаш детта	[hɔrʃamaʃ dett]
desmaio (m)	дог вон хилар	[dɔg vɔn hɪlar]
desmaiar (vi)	дог кӀадделла охьавожа	[dɔg kʼaddell ɔhavɔʒ]

nódoa (f) negra	лаьрждарг	[ˈarʒdarg]
galo (m)	бӀара	[bʼar]
magoar-se (vr)	дӀакхета	[dʼaqet]
pisadura (f)	дӀатохар	[dʼatɔhar]
aleijar-se (vr)	дӀакхета	[dʼaqet]

coxear (vi)	астагӀлелха	[ˈastaɣlelh]
deslocação (f)	чуьрдаккхар	[tʃʉrdakqar]
deslocar (vt)	чуьрдаккхар	[tʃʉrdakqar]
fratura (f)	кагдалар	[kagdalar]
fraturar (vt)	кагдар	[kagdar]

corte (m)	хадор	[hadɔr]
cortar-se (vr)	хада	[had]
hemorragia (f)	цӀий эхар	[tsʼɪ: ɛhar]

| queimadura (f) | дагор | [dagɔr] |
| queimar-se (vr) | даго | [dagɔ] |

picar (vt)	Іотта	['ɔtt]
picar-se (vr)	Іоттадала	['ɔttadal]
lesionar (vt)	лазо	[lazɔ]
lesão (m)	лазор	[lazɔr]
ferida (f), ferimento (m)	чов	[tʃɔv]
trauma (m)	лазор	[lazɔr]

delirar (vi)	харц лен	[harts len]
gaguejar (vi)	толкха лен	[tɔlq len]
insolação (f)	малх хьахар	[malh hahar]

65. Simtomas. Tratamentos. Parte 2

| dor (f) | лазар | [lazar] |
| farpa (no dedo) | сирхат | [sɪrhat] |

suor (m)	хьацар	[hatsar]
suar (vi)	хьацар дала	[hatsar dal]
vómito (m)	Іеттор	['ettɔr]
convulsões (f pl)	пхенаш озор	[phenaʃ ɔzɔr]

grávida	берахниг	[berahnɪg]
nascer (vi)	хила	[hɪl]
parto (m)	бер хилар	[ber hɪlar]
dar à luz	бер дар	[ber dar]
aborto (m)	аборт	[abɔrt]

respiração (f)	са дахар	[sa dahar]
inspiração (f)	са чуозар	[sa tʃuɔzar]
expiração (f)	са арахецар	[sa arahetsar]
expirar (vi)	са арахеца	[sa arahets]
inspirar (vi)	са чуоза	[sa tʃuɔz]

inválido (m)	заьlапхо	[zæ'aphɔ]
aleijado (m)	заьlапхо	[zæ'aphɔ]
toxicodependente (m)	наркоман	[narkɔman]

surdo	къора	[q?ɔr]
mudo	мотт ца хуург	[mɔtt tsa hu'urg]
surdo-mudo	мотт ца хуург	[mɔtt tsa hu'urg]

louco (adj.)	хьерадьалла	[heradʲall]
louco (m)	хьераваьлларг	[heravællarg]
louca (f)	хьерайалларг	[herajallarg]
ficar louco	хьервалар	[hervalar]

gene (m)	ген	[gen]
imunidade (f)	иммунитет	[ɪmmunɪtet]
congénito	вешшехь хилла	[weʃeh hɪll]
vírus (m)	вирус	[wɪrus]
micróbio (m)	микроб	[mɪkrɔb]

| bactéria (f) | бактери | [bakterɪ] |
| infeção (f) | инфекци | [ɪnfektsɪ] |

66. Simtomas. Tratamentos. Parte 3

| hospital (m) | больница | [bɔljnɪts] |
| paciente (m) | пациент | [patsɪent] |

diagnóstico (m)	диагноз	[dɪagnɔz]
cura (f)	дарбанаш лелор	[darbanaʃ lelɔr]
tratamento (m) médico	дарба лелор	[darb lelɔr]
curar-se (vr)	дарбанаш лелор	[darbanaʃ lelɔr]
tratar (vt)	дарба лело	[darb lelɔ]
cuidar (pessoa)	лело	[lelɔ]
cuidados (m pl)	лелор	[lelɔr]

operação (f)	этlор	[ɛt'ɔr]
enfaixar (vt)	дlадехка	[d'adehk]
ligadura (f)	йоьхкург	[jøhkurg]

vacinação (f)	маха тохар	[maha tɔhar]
vacinar (vt)	маха тоха	[maha tɔh]
injeção (f)	маха тохар	[maha tɔhar]
dar uma injeção	маха тоха	[maha tɔh]

amputação (f)	ампутаци	[amputatsɪ]
amputar (vt)	дlадаккха	[d'adakq]
coma (f)	кома	[kɔm]
estar em coma	коме хила	[kɔme hɪl]
reanimação (f)	реанимаци	[reanɪmatsɪ]

recuperar-se (vr)	тодала	[tɔdal]
estado (~ de saúde)	хьал	[hal]
consciência (f)	кхетам	[qetam]
memória (f)	эс	[ɛs]

tirar (vt)	дlадаккха	[d'adakq]
chumbo (m), obturação (f)	йома	[jom]
chumbar, obturar (vt)	йома йилла	[jom jɪll]

| hipnose (f) | гипноз | [gɪpnɔz] |
| hipnotizar (vt) | гипноз ян | [gɪpnɔz jan] |

67. Medicina. Drogas. Acessórios

medicamento (m)	молха	[mɔlh]
remédio (m)	дарба	[darb]
receitar (vt)	дайх диена	[dajh dɪen]
receita (f)	рецепт	[retsept]

| comprimido (m) | буьртиг | [bʉrtɪg] |
| pomada (f) | хьакхар | [haqar] |

ampola (f)	ампула	[ɑmpul]
preparado (m)	микстура	[mɪkstur]
xarope (m)	сироп	[sɪrɔp]
cápsula (f)	буьртиг	[bʉrtɪg]
remédio (m) em pó	хӏур	[h'ur]

ligadura (f)	бинт	[bɪnt]
algodão (m)	бамба	[bɑmb]
iodo (m)	йод	[jod]

penso (m) rápido	белхьам	[belhɑm]
conta-gotas (f)	пипетка	[pɪpetk]
termómetro (m)	градусъюстург	[grɑdus?ʉsturg]
seringa (f)	маха	[mɑh]

| cadeira (f) de rodas | гӏудалкх | [ɣudɑlq] |
| muletas (f pl) | ӏасанаш | ['ɑsɑnɑʃ] |

analgésico (m)	лаза ца войту молханаш	[lɑz tsɑ vɔjtu mɔlhɑnɑʃ]
laxante (m)	чуьйнадохуьйтург	[ʧʉjnɑdɔhʉjturg]
álcool (m) etílico	спирт	[spɪrt]
ervas (f pl) medicinais	дарбанан буц	[dɑrbɑnɑn buts]
de ervas (chá ~)	бецан	[betsɑn]

APARTAMENTO

68. Apartamento

apartamento (m)	петар	[petɑr]
quarto (m)	чоь	[ʧø]
quarto (m) de dormir	дуьйшу чоь	[dʉjʃu ʧø]
sala (f) de jantar	столови	[stɔlɔwɪ]
sala (f) de estar	хьешан цӀа	[heʃɑn ts'ɑ]
escritório (m)	кабинет	[kabɪnet]
antessala (f)	сени	[senɪ]
quarto (m) de banho	ваннан чоь	[vɑnnɑn ʧø]
toilette (lavabo)	хьаштагӀа	[haʃtɑɣ]
teto (m)	тхов	[thov]
chão, soalho (m)	цӀенкъа	[ts'enq?]
canto (m)	са	[s]

69. Mobiliário. Interior

mobiliário (m)	мебель	[mebelj]
mesa (f)	стол	[stɔl]
cadeira (f)	гӀант	[ɣɑnt]
cama (f)	маьнга	[mæng]
divã (m)	диван	[dɪvɑn]
cadeirão (m)	кресло	[kreslɔ]
estante (f)	шкаф	[ʃkɑf]
prateleira (f)	терхи	[terhɪ]
guarda-vestidos (m)	шкаф	[ʃkɑf]
cabide (m) de parede	бедаршъухкург	[bedɑrʃ?uhkurg]
cabide (m) de pé	бедаршъухкург	[bedɑrʃ?uhkurg]
cómoda (f)	комод	[kɔmɔd]
mesinha (f) de centro	журналан стол	[ʒurnɑlɑn stɔl]
espelho (m)	куьзга	[kʉzg]
tapete (m)	куз	[kuz]
tapete (m) pequeno	кузан цуьрг	[kuzɑn tsʉrg]
lareira (f)	товха	[tɔvh]
vela (f)	чӀурам	[ʧ'urɑm]
castiçal (m)	чӀурамхӀоттор г	[ʧ'urɑmhɔttɔrg]
cortinas (f pl)	штораш	[ʃtɔrɑʃ]
papel (m) de parede	обойш	[ɔbɔjʃ]

estores (f pl)	жалюзаш	[ʒalʉzaʃ]
candeeiro (m) de mesa	стоьла тle хlотто лампа	[støl t'e h'ɔttɔ lamp]
candeeiro (m) de parede	къуьда	[q?ʉd]
candeeiro (m) de pé	торшер	[tɔrʃər]
lustre (m)	люстра	[lʉstr]

perna (da cadeira, etc.)	ког	[kɔg]
braço (m)	голагlорторг	[gɔlaɣɔrtɔrg]
costas (f pl)	букъ	[buq?]
gaveta (f)	яьшка	[jæʃk]

70. Quarto de dormir

roupa (f) de cama	чухулаюху хlуманаш	[ʧuhulɑjuhu h'umɑnaʃ]
almofada (f)	гlайба	[ɣɑjb]
fronha (f)	лоччар	[loʧɑr]
cobertor (m)	юргlа	[jurɣ]
lençol (m)	шаршу	[ʃɑrʃu]
colcha (f)	меттан шаршу	[mettɑn ʃɑrʃu]

71. Cozinha

cozinha (f)	кухни	[kuhnɪ]
gás (m)	газ	[gɑz]
fogão (m) a gás	газан плита	[gɑzɑn plɪt]
fogão (m) elétrico	электрически плита	[ɛlektrɪʧeskɪ plɪt]
forno (m)	духовка	[duhovk]
forno (m) de micro-ondas	микроволнови пеш	[mɪkrɔvɔlnɔwɪ peʃ]

frigorífico (m)	шелиг	[ʃəlɪg]
congelador (m)	морозильник	[mɔrɔzɪljnɪk]
máquina (f) de lavar louça	пхьергlаш йулу машина	[pheɣaʃ julu maʃɪn]

moedor (m) de carne	жижигlъохьург	[ʒɪʒɪg?ɔhurg]
espremedor (m)	муттадоккхург	[muttadɔkqurg]
torradeira (f)	тостер	[tɔster]
batedeira (f)	миксер	[mɪkser]

máquina (f) de café	къахьокхехкорг	[q?ahɔqehkɔrg]
cafeteira (f)	къахьокхехкорг	[q?ahɔqehkɔrg]
moinho (m) de café	къахьоахьарг	[q?ahɔaharg]

chaleira (f)	чайник	[ʧajnɪk]
bule (m)	чайник	[ʧajnɪk]
tampa (f)	нerlap	[neɣar]
coador (f) de chá	цаца	[tsats]

colher (f)	lайг	['ajg]
colher (f) de chá	стаканан lайг	[stakanan 'ajg]
colher (f) de sopa	аьчка lайг	['æʧk 'ajg]
garfo (m)	мlара	[m'ar]
faca (f)	урс	[urs]

louça (f)	пхьеглаш	[pheɣaʃ]
prato (m)	бошхап	[bɔʃhap]
pires (m)	бошхап	[bɔʃhap]

cálice (m)	рюмка	[rʉmk]
copo (m)	стака	[stak]
chávena (f)	кад	[kad]

açucareiro (m)	шекардухкург	[ʃəkarduhkurg]
saleiro (m)	туьхадухкург	[tʉhaduhkurg]
pimenteiro (m)	бурчъюхкург	[burʧʔʉhkurg]
manteigueira (f)	даьттадуьллург	[dættadʉllurg]

panela, caçarola (f)	яй	[jaj]
frigideira (f)	зайла	[zajl]
concha (f)	чами	[ʧamɪ]
passador (m)	луьттар	[lʉttar]
bandeja (f)	хедар	[hedar]

garrafa (f)	шиша	[ʃɪʃ]
boião (m) de vidro	банка	[bank]
lata (f)	банка	[bank]

abre-garrafas (m)	схьадоьллург	[shadøllurg]
abre-latas (m)	схьадоьллург	[shadøllurg]
saca-rolhas (m)	штопор	[ʃtopor]
filtro (m)	луьттург	[lʉtturg]
filtrar (vt)	литта	[lɪtt]

lixo (m)	нехаш	[nehaʃ]
balde (m) do lixo	нехийн ведар	[nehɪːn wedar]

72. Casa de banho

quarto (m) de banho	ваннан чоь	[vannan ʧø]
água (f)	хи	[hɪ]
torneira (f)	кран	[kran]
água (f) quente	довха хи	[dɔvha hɪ]
água (f) fria	шийла хи	[ʃiːl hɪ]

pasta (f) de dentes	цергийн паста	[tsergɪːn past]
escovar os dentes	цергаш цIанъян	[tsergaʃ ts'anʔjan]

barbear-se (vr)	даша	[daʃ]
espuma (f) de barbear	чопа	[ʧɔp]
máquina (f) de barbear	урс	[urs]

lavar (vt)	дила	[dɪl]
lavar-se (vr)	дила	[dɪl]
duche (m)	душ	[duʃ]
tomar um duche	лийча	[liːʧ]

banheira (f)	ванна	[van]
sanita (f)	унитаз	[unɪtaz]

lavatório (m)	раковина	[rakɔwɪn]
sabonete (m)	саба	[sab]
saboneteira (f)	сабадуьллург	[sabadᴉllurg]

esponja (f)	худург	[hudurg]
champô (m)	шампунь	[ʃampunj]
toalha (f)	гата	[gat]
roupão (m) de banho	оба	[ɔb]

lavagem (f)	диттар	[dɪttar]
máquina (f) de lavar	хІуманаш юьтту машина	[h'umanaʃ juttu maʃɪn]
lavar a roupa	чухулаюху хІуманаш йитта	[tʃuhulajuhu h'umanaʃ jɪtt]
detergente (m)	хІуманаш юьтту порошок	[h'umanaʃ juttu pɔrɔʃɔk]

73. Eletrodomésticos

televisor (m)	телевизор	[telewɪzɔr]
gravador (m)	магнитофон	[magnɪtɔfɔn]
videogravador (m)	видеомагнитофон	[wɪdeɔmagnɪtɔfɔn]
rádio (m)	приёмник	[prɪjomnɪk]
leitor (m)	плеер	[plɛ'er]

projetor (m)	видеопроектор	[wɪdeɔprɔektɔr]
cinema (m) em casa	цІахь лело кинотеатр	[ts'ah lelɔ kɪnɔteatr]
leitor (m) de DVD	DVD гойтург	[dɪwɪdɪ gɔjturg]
amplificador (m)	чІарІдийриг	[tʃ'aɣdɪːrɪg]
console (f) de jogos	ловзаран приставка	[lɔvzaran prɪstavk]

câmara (f) de vídeo	видеокамера	[wɪdeɔkamer]
máquina (f) fotográfica	фотоаппарат	[fɔtɔapparat]
câmara (f) digital	цифровой фотоаппарат	[tsɪfrɔvɔj fɔtɔapparat]

aspirador (m)	чанъузург	[tʃanʔuzurg]
ferro (m) de engomar	иту	[ɪtu]
tábua (f) de engomar	иту хьокху у	[ɪtu hɔqu u]

telefone (m)	телефон	[telefɔn]
telemóvel (m)	мобильни телефон	[mɔbɪljnɪ telefɔn]
máquina (f) de escrever	зорба туху машина	[zɔrb tuhu maʃɪn]
máquina (f) de costura	чарх	[tʃarh]

microfone (m)	микрофон	[mɪkrɔfɔn]
auscultadores (m pl)	ладугІургаш	[laduɣurgaʃ]
controlo remoto (m)	пульт	[puljt]

CD (m)	компакт-диск	[kɔmpakt dɪsk]
cassete (f)	кассета	[kasset]
disco (m) de vinil	пластинка	[plastɪnk]

A TERRA. TEMPO

74. Espaço sideral

cosmos (m)	космос	[kɔsmɔs]
cósmico	космосан	[kɔsmɔsan]
espaço (m) cósmico	космосан меттиг	[kɔsmɔsan mettɪg]

mundo (m)	дуьне	[dʉne]
universo (m)	Ӏалам	[ʼalam]
galáxia (f)	галактика	[galaktɪk]

estrela (f)	седа	[sed]
constelação (f)	седарчий гулам	[sedartʃɪ: gulam]
planeta (m)	дуьне	[dʉne]
satélite (m)	спутник	[sputnɪk]

meteorito (m)	метеорит	[meteɔrɪt]
cometa (m)	комета	[kɔmet]
asteroide (m)	астероид	[asterɔɪd]

órbita (f)	орбита	[ɔrbɪt]
girar (vi)	хьийза	[hɪ:z]
atmosfera (f)	хӀаваъ	[hʼavaʔ]

Sol (m)	Малх	[malh]
Sistema (m) Solar	Маьлхан система	[mælhan sɪstem]
eclipse (m) solar	малх лацар	[malh latsar]

| Terra (f) | Латта | [latt] |
| Lua (f) | Бутт | [butt] |

Marte (m)	Марс	[mars]
Vénus (m)	Венера	[wener]
Júpiter (m)	Юпитер	[jupɪter]
Saturno (m)	Сатурн	[saturn]

Mercúrio (m)	Меркурий	[merkurɪ:]
Urano (m)	Уран	[uran]
Neptuno (m)	Нептун	[neptun]
Plutão (m)	Плутон	[plutɔn]

Via Láctea (f)	Ча такхийна Тача	[tʃa taqɪ:n tatʃ]
Ursa Maior (f)	ВорхӀ вешин ворхӀ седа	[vɔrh weʃɪn vɔrh sed]
Estrela Polar (f)	Къилбаседа	[qʔɪlbased]

marciano (m)	марсианин	[marsɪanɪn]
extraterrestre (m)	инопланетянин	[ɪnɔplanetʼanɪn]
alienígena (m)	пришелец	[prɪʃelets]
disco (m) voador	хӀаваэхула лела тарелка	[hʼavaɛhul lel tarelk]

nave (f) espacial	космосан кема	[kɔsmɔsan kem]
estação (f) orbital	орбитин станци	[ɔrbɪtɪn stantsɪ]
lançamento (m)	старт	[start]
motor (m)	двигатель	[dwɪgatelj]
bocal (m)	сопло	[sɔplɔ]
combustível (m)	ягорг	[jagɔrg]
cabine (f)	кабина	[kabɪn]
antena (f)	антенна	[anten]
vigia (f)	иллюминатор	[ɪllʉmɪnatɔr]
bateria (f) solar	маьлхан батарей	[mælhan batarej]
traje (m) espacial	скафандр	[skafandr]
imponderabilidade (f)	йозалла яр	[jozall jar]
oxigénio (m)	кислород	[kɪslɔrɔd]
acoplagem (f)	вовшахтасар	[vɔvʃahtasar]
fazer uma acoplagem	вовшахтасса	[vɔvʃahtass]
observatório (m)	обсерватори	[ɔbservatɔrɪ]
telescópio (m)	телескоп	[teleskɔp]
observar (vt)	тергам бан	[tergam ban]
explorar (vt)	талла	[tall]

75. A Terra

Terra (f)	Латта	[latt]
globo terrestre (Terra)	дуьне	[dʉne]
planeta (m)	дуьне, планета	[dʉne], [planet]
atmosfera (f)	атмосфера	[atmɔsfer]
geografia (f)	географи	[geɔgrafɪ]
natureza (f)	Iалам	['alam]
globo (mapa esférico)	глобус	[globus]
mapa (m)	карта	[kart]
atlas (m)	атлас	[atlas]
Europa (f)	Европа	[evrɔp]
Ásia (f)	Ази	[azɪ]
África (f)	Африка	[afrɪk]
Austrália (f)	Австрали	[avstralɪ]
América (f)	Америка	[amerɪk]
América (f) do Norte	Къилбаседан Америка	[q?ɪlbasedan amerɪk]
América (f) do Sul	Къилбера Америка	[q?ɪlber amerɪk]
Antártida (f)	Антарктида	[antarktɪd]
Ártico (m)	Арктика	[arktɪk]

76. Pontos cardeais

norte (m)	къилбаседа	[q?ɪlbased]
para norte	къилбаседехьа	[q?ɪlbasedeh]
no norte	къилбаседехь	[q?ɪlbasedeh]
do norte	къилбаседан	[q?ɪlbasedan]
sul (m)	къилбе	[q?ɪlbe]
para sul	къилбехьа	[q?ɪlbeh]
no sul	къилбехь	[q?ɪlbeh]
do sul	къилбера	[q?ɪlber]
oeste, ocidente (m)	малхбузе	[malhbuze]
para oeste	малхбузехьа	[malhbuzeh]
no oeste	малхбузехь	[malhbuzeh]
ocidental	малхбузера	[malhbuzer]
leste, oriente (m)	малхбале	[malhbale]
para leste	малхбалехьа	[malhbaleh]
no leste	малхбалехь	[malhbaleh]
oriental	малхбалехьара	[malhbalehar]

77. Mar. Oceano

mar (m)	хӀорд	[h'ɔrd]
oceano (m)	хӀорд, океан	[h'ɔrd], [ɔkean]
golfo (m)	айма	[ajm]
estreito (m)	хидоькъе	[hɪdøq?e]
terra (f) firme	латта	[latt]
continente (m)	материк	[materɪk]
ilha (f)	гӀайре	[ɣajre]
península (f)	ахгӀайре	['ahɣajre]
arquipélago (m)	архипелаг	[arhɪpelag]
baía (f)	бухта	[buht]
porto (m)	гавань	[gavanj]
lagoa (f)	лагуна	[lagun]
cabo (m)	мара	[mar]
atol (m)	атолл	[atɔll]
recife (m)	риф	[rɪf]
coral (m)	маржак	[marʒak]
recife (m) de coral	маржанийн риф	[marʒanɪːn rɪf]
profundo	кӀоарга	[k'ɔarg]
profundidade (f)	кӀоргалла	[k'ɔrgall]
abismo (m)	бух боцу Ӏин	[buh bɔtsu 'ɪn]
fossa (f) oceânica	кӀаг	[k'ag]
corrente (f)	дӀаэхар	[d'aəhar]
banhar (vt)	го баьккхина хи хила	[gɔ bækqɪn hɪ hɪl]
litoral (m)	хийист	[hɪːɪst]

costa (f)	йист	[jɪst]
maré (f) alta	хӀорд тӀекхетар	[h'ɔrd t'eqetar]
maré (f) baixa	хӀорд чубожа боьлла	[h'ɔrd ʧubɔʒ bøll]
restinga (f)	гомхе	[gɔmhe]
fundo (m)	бух	[buh]

onda (f)	тулгӀе	[tulɣe]
crista (f) da onda	тулгӀийн дукъ	[tulɣɪ:n duq?]
espuma (f)	чопа	[ʧɔp]

tempestade (f)	дарц	[darts]
furacão (m)	мох балар	[mɔh balar]
tsunami (m)	цунами	[tsunamɪ]
calmaria (f)	штиль	[ʃtɪlj]
calmo	тийна	[tɪ:n]

| polo (m) | полюс | [pɔlʉs] |
| polar | полюсан | [pɔlʉsan] |

latitude (f)	шоралла	[ʃɔrall]
longitude (f)	дохалла	[dɔhall]
paralela (f)	параллель	[parallelj]
equador (m)	экватор	[ɛkvatɔr]

céu (m)	дуьне	[dʉne]
horizonte (m)	ана	[an]
ar (m)	хӀаваъ	[h'ava?]

farol (m)	маяк	[majak]
mergulhar (vi)	чулелха	[ʧulelh]
afundar-se (vr)	бухадаха	[buhadah]
tesouros (m pl)	хазна	[hazn]

78. Nomes de Mares e Oceanos

Oceano (m) Atlântico	Атлантически хӀорд	['atlantɪʧeskɪ h'ɔrd]
Oceano (m) Índico	Индихойн хӀорд	[ɪndɪhojn h'ɔrd]
Oceano (m) Pacífico	Тийна хӀорд	[tɪ:n h'ɔrd]
Oceano (m) Ártico	Къилбаседанан Шен хӀорд	[q?ɪlbasedanan ʃɛn h'ɔrd]

Mar (m) Negro	Ӏаьржа хӀорд	['ærʒ hɔrd]
Mar (m) Vermelho	ЦӀен хӀорд	[ts'en h'ɔrd]
Mar (m) Amarelo	Можа хӀорд	[mɔʒ h'ɔrd]
Mar (m) Branco	КӀайн хӀорд	[k'ajn h'ɔrd]

Mar (m) Cáspio	Каспи хӀорд	[kaspɪ h'ɔrd]
Mar (m) Morto	Са доцу хӀорд	[sa dɔtsu h'ɔrd]
Mar (m) Mediterrâneo	Средиземни хӀорд	[sredɪzemnɪ h'ɔrd]

Mar (m) Egeu	Эгейски хӀорд	[ɛgejskɪ h'ɔrd]
Mar (m) Adriático	Адреатически хӀорд	['adreatɪʧeskɪ hɔrd]
Mar (m) Arábico	Аравийски хӀорд	['aravɪ:skɪ h'ɔrd]
Mar (m) do Japão	Японийн хӀорд	[japɔnɪ:n h'ɔrd]

| Mar (m) de Bering | Берингово хӀорд | [berɪngɔvɔ h'ɔrd] |
| Mar (m) da China Meridional | Къилба-Китайн хӀорд | [q?ɪlb kɪtajn h'ɔrd] |

Mar (m) de Coral	Маржанийн хӀорд	[marʒanɪːn h'ɔrd]
Mar (m) de Tasman	Тасманово хӀорд	[tasmanɔvɔ h'ɔrd]
Mar (m) do Caribe	Карибски хӀорд	[karɪbskɪ h'ɔrd]

| Mar (m) de Barents | Баренцово хӀорд | [barentsɔvɔ h'ɔrd] |
| Mar (m) de Kara | Карски хӀорд | [karskɪ h'ɔrd] |

Mar (m) do Norte	Къилбаседан хӀорд	[q?ɪlbasedan h'ɔrd]
Mar (m) Báltico	Балтийски хӀорд	[baltɪːskɪ h'ɔrd]
Mar (m) da Noruega	Норвержски хӀорд	[nɔrwerʒskɪ h'ɔrd]

79. Montanhas

montanha (f)	лам	[lam]
cordilheira (f)	ламнийн морӀа	[lamnɪːn mɔɣ]
serra (f)	ламанан дукъ	[lamanan duq?]

cume (m)	бохь	[bɔh]
pico (m)	бохь	[bɔh]
sopé (m)	кӀажа	[k'aʒ]
declive (m)	басе	[base]

vulcão (m)	тӀаплам	[t'aplam]
vulcão (m) ativo	тӀепинг	[t'epɪng]
vulcão (m) extinto	байна тӀаплам	[bajn t'aplam]

erupção (f)	хьалатохар	[halatɔhar]
cratera (f)	кратер	[krater]
magma (m)	магма	[magm]
lava (f)	лава	[lav]
fundido (lava ~a)	цӀийдина	[ts'ɪːdɪn]

desfiladeiro (m)	Ӏин	['ɪn]
garganta (f)	чӀож	[tʃ'ɔʒ]
fenda (f)	чӀаж	[tʃ'aʒ]

passo, colo (m)	ламанан дукъ	[lamanan duq?]
planalto (m)	акъари	['aq?arɪ]
falésia (f)	тарх	[tarh]
colina (f)	гу	[gu]

glaciar (m)	ша-ор	[ʃa ɔr]
queda (f) d'água	чухчари	[tʃuhtʃarɪ]
géiser (m)	гейзер	[gejzer]
lago (m)	Ӏам	['am]

planície (f)	аре	[are]
paisagem (f)	пейзаж	[pejzaʒ]
eco (m)	йилбазмохь	[jɪlbazmɔh]
alpinista (m)	алтпинист	[altpɪnɪst]
escalador (m)	тархашхо	[tarhaʃho]

| conquistar (vt) | карадало | [karadalɔ] |
| subida, escalada (f) | тӏедалар | [t'edalar] |

80. Nomes de montanhas

Alpes (m pl)	Альпаш	[aljpaʃ]
monte Branco (m)	Монблан	[mɔnblan]
Pirineus (m pl)	Пиренеи	[pɪreneɪ]

Cárpatos (m pl)	Карпаташ	[karpataʃ]
montes (m pl) Urais	Уралан лаьмнаш	[uralan læmnaʃ]
Cáucaso (m)	Кавказ	[kavkaz]
Elbrus (m)	Эльбрус	[ɛljbrus]

Altai (m)	Алтай	[altaj]
Tian Shan (m)	Тянь-Шань	[t'anj ʃanj]
Pamir (m)	Памир	[pamɪr]
Himalaias (m pl)	Гималаи	[gɪmalaɪ]
monte (m) Everest	Эверест	[ɛwerest]

| Cordilheira (f) dos Andes | Анднаш | [andnaʃ] |
| Kilimanjaro (m) | Килиманджаро | [kɪlɪmandʒarɔ] |

81. Rios

rio (m)	доьду хи	[dødu hɪ]
fonte, nascente (f)	хьост, шовда	[hɔst], [ʃɔvd]
leito (m) do rio	харш	[harʃ]
bacia (f)	бассейн	[bassejn]
desaguar no …	кхета	[qet]

| afluente (m) | га | [g] |
| margem (do rio) | хийист | [hɪ:ɪst] |

corrente (f)	дӏаэхар	[d'aəhar]
rio abaixo	хица охьа	[hɪʦ ɔh]
rio acima	хица хьала	[hɪʦ hal]

inundação (f)	хи тӏедалар	[hɪ t'edalar]
cheia (f)	дестар	[destar]
transbordar (vi)	деста	[dest]
inundar (vt)	дӏахьулдан	[d'ahuldan]

| baixio (m) | гомхалла | [gɔmhall] |
| rápidos (m pl) | тарх | [tarh] |

barragem (f)	сунт	[sunt]
canal (m)	татол	[tatɔl]
reservatório (m) de água	латтийла	[lattɪːl]
eclusa (f)	шлюз	[ʃʉz]
corpo (m) de água	ӏам	['am]
pântano (m)	уьшал	[ʉʃal]

tremedal (m)	уьшал	[ʉʃal]
remoinho (m)	айма	[ajm]
arroio, regato (m)	татол	[tatɔl]
potável	молу	[mɔlu]
doce (água)	теза	[tez]
gelo (m)	ша	[ʃ]
congelar-se (vr)	ша бан	[ʃa ban]

82. Nomes de rios

rio Sena (m)	Сена	[sen]
rio Loire (m)	Луара	[luar]
rio Tamisa (m)	Темза	[temz]
rio Reno (m)	Рейн	[rejn]
rio Danúbio (m)	Дунай	[dunaj]
rio Volga (m)	Волга	[vɔlg]
rio Don (m)	Дон	[dɔn]
rio Lena (m)	Лена	[len]
rio Amarelo (m)	Хуанхэ	[huanhɛ]
rio Yangtzé (m)	Янцзы	[jantszɪ]
rio Mekong (m)	Меконг	[mekɔng]
rio Ganges (m)	Ганг	[gang]
rio Nilo (m)	Нил	[nɪl]
rio Congo (m)	Конго	[kɔngɔ]
rio Cubango (m)	Окаванго	[ɔkavangɔ]
rio Zambeze (m)	Замбези	[zambezɪ]
rio Limpopo (m)	Лимпопо	[lɪmpɔpɔ]
rio Mississípi (m)	Миссисипи	[mɪssɪsɪpɪ]

83. Floresta

floresta (f), bosque (m)	хьун	[hun]
florestal	хьунан	[hunan]
mata (f) cerrada	варш	[varʃ]
arvoredo (m)	боьлак	[bølak]
clareira (f)	ирзу	[ɪrzu]
matagal (f)	коьллаш	[køllaʃ]
mato (m)	колл	[kɔll]
vereda (f)	тача	[tatʃ]
ravina (f)	боьра	[bør]
árvore (f)	дитт	[dɪtt]
folha (f)	гІа	[ɣa]

folhagem (f)	гӀаш	[ɣaʃ]
queda (f) das folha	гӀа дожар	[ɣa dɔʒar]
cair (vi)	охьа дожа	[ɔh dɔʒ]
topo (m)	бохь	[bɔh]

ramo (m)	га	[g]
galho (m)	га	[g]
botão, rebento (m)	патар	[patar]
agulha (f)	кӀохцалг	[k'ɔhtsalg]
pinha (f)	бӀар	[b'ar]

buraco (m) de árvore	хара	[har]
ninho (m)	бен	[ben]
toca (f)	lуьрг	['ʉrg]

tronco (m)	гӀад	[ɣad]
raiz (f)	орам	[ɔram]
casca (f) de árvore	кевстиг	[kevstɪg]
musgo (m)	корсам	[kɔrsam]

arrancar pela raiz	бухдаккха	[buhdakq]
cortar (vt)	хьакха	[haq]
desflorestar (vt)	хьакха	[haq]
toco, cepo (m)	юьхк	[juhk]

fogueira (f)	цӀе	[ts'e]
incêndio (m) florestal	цӀе	[ts'e]
apagar (vt)	дӀадайа	[d'adaj]

guarda-florestal (m)	хьуьнхо	[hʉnho]
proteção (f)	лардар	[lardar]
proteger (a natureza)	лардан	[lardan]
caçador (m) furtivo	браконьер	[brakɔnjer]
armadilha (f)	гура	[gur]

colher (cogumelos, bagas)	лахьо	[lahɔ]
perder-se (vr)	тила	[tɪl]

84. Recursos naturais

recursos (m pl) naturais	Ӏаламан тӀаьхьалонаш	['alaman t'æhalɔnaʃ]
minerais (m pl)	пайде маьйданаш	[pajde mæ'danaʃ]
depósitos (m pl)	маьйданаш	[mæ'danaʃ]
jazida (f)	маьйданаш дохку	[mæ'danaʃ dɔhku]

extrair (vt)	даккха	[dakq]
extração (f)	даккхар	[dakqar]
minério (m)	маьйда	[mæ'd]
mina (f)	маьйда доккхийла, шахта	[mæ'd dɔkqɪ:l], [ʃaht]
poço (m) de mina	шахта	[ʃaht]
mineiro (m)	кӀорабаккхархо	[k'ɔrabakqarhɔ]

gás (m)	газ	[gaz]
gasoduto (m)	газъюьргург	[gaz?ʉgurg]

petróleo (m)	нефть	[neftʲ]
oleoduto (m)	нефтьузург	[neftʲuzurg]
poço (m) de petróleo	нефтан чардакх	[neftan tʃardaq]
torre (f) petrolífera	буру туху вышка	[buru tuhu vɪʃk]
petroleiro (m)	танкер	[tanker]

areia (f)	гӏум	[ɣum]
calcário (m)	кир-маьлда	[kɪr mæ'd]
cascalho (m)	жагӏа	[ʒaɣ]
turfa (f)	lexa	['eh]
argila (f)	поппар	[pɔppar]
carvão (m)	кӏора	[k'ɔr]

ferro (m)	эчиг	[ɛtʃɪg]
ouro (m)	деши	[deʃɪ]
prata (f)	дети	[detɪ]
níquel (m)	никель	[nɪkelj]
cobre (m)	цӏаста	[ts'ast]

zinco (m)	цинк	[tsɪnk]
manganês (m)	марганец	[marganets]
mercúrio (m)	гинсу	[gɪnsu]
chumbo (m)	даш	[daʃ]

mineral (m)	минерал	[mɪneral]
cristal (m)	кристалл	[krɪstall]
mármore (m)	шагатӏулг	[ʃagat'ulg]
urânio (m)	уран	[uran]

85. Tempo

tempo (m)	хенан хӏоттам	[henan h'ɔttam]
previsão (f) do tempo	хенан хӏоттаман прогноз	[henan h'ɔttaman prɔgnɔz]
temperatura (f)	температура	[temperatur]
termómetro (m)	термометр	[termɔmetr]
barómetro (m)	барометр	[barɔmetr]

humidade (f)	тӏуьнан	[t'unan]
calor (m)	йовхо	[jovho]
cálido	довха	[dɔvh]
está muito calor	йовха	[jovh]

| está calor | йовха | [jovh] |
| quente | довха | [dɔvh] |

| está frio | шийла | [ʃɪːl] |
| frio | шийла | [ʃɪːl] |

sol (m)	малх	[malh]
brilhar (vi)	кхета	[qet]
de sol, ensolarado	маьлхан	[mælhan]
nascer (vi)	схьакхета	[shaqet]
pôr-se (vr)	чубуза	[tʃubuz]
nuvem (f)	марха	[marh]

nublado	мархаш йолу	[marhaʃ jolu]
nuvem (f) preta	марха	[marh]
escuro, cinzento	кхоьлина	[qølɪn]

chuva (f)	догӀа	[dɔɣ]
está a chover	догӀа догӀу	[dɔɣ dɔɣu]
chuvoso	догӀане	[dɔɣane]
chuviscar (vi)	серса	[sers]

chuva (f) torrencial	кхевсина догӀа	[qevsɪn dɔɣ]
chuvada (f)	догӀа	[dɔɣ]
forte (chuva)	чӀогӀа	[tʃʼɔɣ]
poça (f)	Ӏам	[ʼam]
molhar-se (vr)	тӀадо	[tʼadɔ]

nevoeiro (m)	дохк	[dɔhk]
de nevoeiro	дохк долу	[dɔhk dɔlu]
neve (f)	ло	[lɔ]
está a nevar	ло догӀу	[lɔ dɔɣu]

86. Tempo extremo. Catástrofes naturais

trovoada (f)	йочана	[jotʃan]
relâmpago (m)	ткъес	[tqʔes]
relampejar (vi)	стега	[steg]

trovão (m)	стигал къовкъар	[stɪgal qʔɔvqʔar]
trovejar (vi)	къекъа	[qʔeqʔ]
está a trovejar	стигал къекъа	[stɪgal qʔeqʔ]

| granizo (m) | къора | [qʔɔr] |
| está a cair granizo | къора йогӀу | [qʔɔr joɣu] |

| inundar (vt) | дӀахьулдан | [dʼahuldan] |
| inundação (f) | хи тӀедалар | [hɪ tʼedalar] |

terremoto (m)	мохк бегор	[mɔhk begɔr]
abalo, tremor (m)	дегар	[degar]
epicentro (m)	эпицентр	[ɛpɪtsentr]

| erupção (f) | хьалатохар | [halatɔhar] |
| lava (f) | лава | [lav] |

turbilhão (m)	йилбазмох	[jɪlbazmɔh]
tornado (m)	торнадо	[tɔrnadɔ]
tufão (m)	тайфун	[tajfun]

furacão (m)	мох балар	[mɔh balar]
tempestade (f)	дарц	[darts]
tsunami (m)	цунами	[tsunamɪ]

ciclone (m)	дарц	[darts]
mau tempo (m)	йочана	[jotʃan]
incêndio (m)	цӀе	[tsʼe]

catástrofe (f)	катастрофа	[katastrɔf]
meteorito (m)	метеорит	[meteɔrɪt]
avalanche (f)	хьаьтт	[hætt]
deslizamento (f) de neve	чухарцар	[ʧuharʦar]
nevasca (f)	дарц	[darts]
tempestade (f) de neve	дарц	[darts]

FAUNA

87. Mamíferos. Predadores

predador (m)	гӀира экха	[ɣɪr ɛq]
tigre (m)	цӀоькъалом	[ts'øq?alɔm]
leão (m)	лом	[lɔm]
lobo (m)	борз	[bɔrz]
raposa (f)	цхьогал	[tshɔgal]
jaguar (m)	ягуар	[jaguar]
leopardo (m)	леопард	[leɔpard]
chita (f)	гепард	[gepard]
pantera (f)	пантера	[panter]
puma (m)	пума	[pum]
leopardo-das-neves (m)	лайн цӀокъ	[lajn ts'ɔq?]
lince (m)	акха цициг	[aq tsɪtsɪg]
coiote (m)	койот	[kɔjot]
chacal (m)	чагӀалкх	[ʧaɣalq]
hiena (f)	чагӀалкх	[ʧaɣalq]

88. Animais selvagens

animal (m)	дийнат	[dɪːnat]
besta (f)	экха	[ɛq]
esquilo (m)	тарсал	[tarsal]
ouriço (m)	зу	[zu]
lebre (f)	пхьагал	[phagal]
coelho (m)	кролик	[krɔlɪk]
texugo (m)	далам	[da'am]
guaxinim (m)	акха жӀаьла	['aq ʒ'æl]
hamster (m)	оьпа	[øp]
marmota (f)	дӀам	[d'am]
toupeira (f)	боьлкъазар	[bølq?azar]
rato (m)	дахка	[dahk]
ratazana (f)	мукадахка	[mukadahk]
morcego (m)	бирдолаг	[bɪrdolag]
arminho (m)	горностай	[gɔrnɔstaj]
zibelina (f)	салор	[salɔr]
marta (f)	салор	[salɔr]
doninha (f)	дингад	[dɪngad]
vison (m)	норка	[nɔrk]

castor (m)	бобр	[bɔbr]
lontra (f)	хешт	[heʃt]

cavalo (m)	говр	[gɔvr]
alce (m) americano	боккха сай	[bɔkq saj]
veado (m)	сай	[saj]
camelo (m)	эмкал	[ɛmkal]

bisão (m)	бизон	[bɪzɔn]
auroque (m)	була	[bul]
búfalo (m)	гомаш-буга	[gɔmaʃ bug]

zebra (f)	зебр	[zebr]
antílope (m)	антилопа	[antɪlɔp]
corça (f)	лу	[lu]
gamo (m)	шоьккари	[ʃøkkarɪ]
camurça (f)	масар	[masar]
javali (m)	нал	[nal]

baleia (f)	кит	[kɪt]
foca (f)	тюлень	[tɨlenj]
morsa (f)	морж	[mɔrʒ]
urso-marinho (m)	котик	[kɔtɪk]
golfinho (m)	дельфин	[deljfɪn]

urso (m)	ча	[tʃ]
urso (m) branco	кӏайн ча	[k'ajn tʃa]
panda (m)	панда	[pand]

macaco (em geral)	маймал	[majmal]
chimpanzé (m)	шимпанзе	[ʃɪmpanze]
orangotango (m)	орангутанг	[ɔrangutang]
gorila (m)	горилла	[gɔrɪll]
macaco (m)	макака	[makak]
gibão (m)	гиббон	[gɪbbɔn]

elefante (m)	пийл	[pɪːl]
rinoceronte (m)	мермаla	[merma']
girafa (f)	жираф	[ʒɪraf]
hipopótamo (m)	бегемот	[begemɔt]

canguru (m)	кенгуру	[kenguru]
coala (m)	коала	[kɔal]

mangusto (m)	мангуст	[mangust]
chinchila (f)	шиншилла	[ʃɪnʃɪll]
doninha-fedorenta (f)	скунс	[skuns]
porco-espinho (m)	дикобраз	[dɪkɔbraz]

89. Animais domésticos

gata (f)	цициг	[tsɪtsɪg]
gato (m) macho	цициг	[tsɪtsɪg]
cavalo (m)	говр	[gɔvr]

| garanhão (m) | айгlар | ['ajɣar] |
| égua (f) | кхела | [qel] |

vaca (f)	етта	[ett]
touro (m)	сту	[stu]
boi (m)	сту	[stu]

ovelha (f)	жий	[ʒiː]
carneiro (m)	уьстагl	[ʮstaɣ]
cabra (f)	газа	[gaz]
bode (m)	бож	[bɔʒ]

| burro (m) | вир | [wɪr] |
| mula (f) | бlарза | [b'arz] |

porco (m)	хьакха	[haq]
porquinho (m)	хуьрсик	[hʮrsɪk]
coelho (m)	кролик	[krɔlɪk]

| galinha (f) | котам | [kɔtam] |
| galo (m) | боргlал | [bɔrɣal] |

pato (m), pata (f)	бад	[bad]
pato (macho)	нlаьна-бад	[n'æn bad]
ganso (m)	гlаз	[ɣaz]

| peru (m) | москал-нlаьна | [mɔskal n'æn] |
| perua (f) | москал-котам | [mɔskal kɔtam] |

animais (m pl) domésticos	цlера дийнаташ	[ts'er dɪ:nataʃ]
domesticado	караlамийна	[kara'amɪ:n]
domesticar (vt)	караlамо	[kara'amɔ]
criar (vt)	лело	[lelɔ]

quinta (f)	ферма	[ferm]
aves (f pl) domésticas	зlакардаьхний	[z'akardæhnɪ:]
gado (m)	хьайбанаш	[hajbanaʃ]
rebanho (m), manada (f)	бажа	[baʒ]

estábulo (m)	божал	[bɔʒal]
pocilga (f)	хьакхарчийн божал	[haqartʃɪ:n bɔʒal]
estábulo (m)	божал	[bɔʒal]
coelheira (f)	кроликийн бун	[krɔlɪkɪ:n bun]
galinheiro (m)	котаман бун	[kɔtaman bun]

90. Pássaros

pássaro, ave (m)	олхазар	[ɔlhazar]
pombo (m)	кхокха	[qɔq]
pardal (m)	хьоза	[hɔz]
chapim-real (m)	цlирцlирхьоза	[ts'ɪrts'ɪrhɔz]
pega-rabuda (f)	къорза къиг	[q?ɔrz q?ɪg]
corvo (m)	хьапрlа	[harɣ]
gralha (f) cinzenta	къиг	[q?ɪg]

gralha-de-nuca-cinzenta (f)	жагӏжагӏа	[ʒaɣʒaɣ]
gralha-calva (f)	човка	[tʃɔvk]
pato (m)	бад	[bad]
ganso (m)	гӏаз	[ɣaz]
faisão (m)	акха котам	[aq kɔtam]
águia (f)	аьрзу	[ærzu]
açor (m)	куьйра	[kʉjr]
falcão (m)	леча	[letʃ]
abutre (m)	ломъаьрзу	[lɔmʔærzu]
condor (m)	кондор	[kɔndɔr]
cisne (m)	гӏуnгӏаз	[ɣurɣaz]
grou (m)	гӏапгӏули	[ɣarɣulɪ]
cegonha (f)	чӏерийдохург	[tʃʼerɪ:dɔhurg]
papagaio (m)	тоти	[tɔtɪ]
beija-flor (m)	колибри	[kɔlɪbrɪ]
pavão (m)	тӏаус	[tʼaus]
avestruz (f)	страус	[straus]
garça (f)	чӏерийлоьцург	[tʃʼerɪ:løtsurg]
flamingo (m)	фламинго	[flamɪngɔ]
pelicano (m)	пеликан	[pelɪkan]
rouxinol (m)	зарзар	[zarzar]
andorinha (f)	чӏегӏардиг	[tʃʼeɣardɪg]
tordo-zornal (m)	шоршал	[ʃɔrʃal]
tordo-músico (m)	дека шоршал	[dek ʃɔrʃal]
melro-preto (m)	lаьржа шоршал	[ˈærʒ ʃɔrʃal]
andorinhão (m)	мерцхалдиг	[mertshaldɪg]
cotovia (f)	нӏаьвла	[nʼævl]
codorna (f)	лекъ	[leqʔ]
pica-pau (m)	хенакӏур	[henakʼur]
cuco (m)	хӏуттут	[hʼuttut]
coruja (f)	бухӏа	[buhʼ]
corujão, bufo (m)	соька	[søk]
tetraz-grande (m)	къоракуота	[qʔɔrakuɔt]
tetraz-lira (m)	акха котам	[aq kɔtam]
perdiz-cinzenta (f)	моша	[mɔʃ]
estorninho (m)	алкханч	[alqantʃ]
canário (m)	можа хьоза	[mɔʒ hɔz]
galinha-do-mato (f)	акха котам	[aq kɔtam]
tentilhão (m)	хьуьнан хьоза	[hʉnan hɔz]
dom-fafe (m)	лайн хьоза	[lajn hɔz]
gaivota (f)	чайка	[tʃajk]
albatroz (m)	альбатрос	[aljbatrɔs]
pinguim (m)	пингвин	[pɪngwɪn]

91. Peixes. Animais marinhos

brema (f)	чабакх-чlара	[tʃabaq tʃʼar]
carpa (f)	карп	[karp]
perca (f)	окунь	[ɔkunj]
siluro (m)	яй	[jaj]
lúcio (m)	гlазкхийн чlара	[ɣazqɪːn tʃʼar]

salmão (m)	лосось	[lɔsɔsʲ]
esturjão (m)	цlен чlара	[ts'en tʃʼar]

arenque (m)	сельдь	[seljdʲ]
salmão (m)	сёмга	[sʲomg]
cavala, sarda (f)	скумбри	[skumbrɪ]
solha (f)	камбала	[kambal]

lúcio perca (m)	судак	[sudak]
bacalhau (m)	треска	[tresk]
atum (m)	тунец	[tunets]
truta (f)	бакъ чlара	[baqʔ tʃʼar]

enguia (f)	жlаьлин чlара	[ʒ'ælɪn tʃʼar]
raia elétrica (f)	электрически скат	[ɛlektrɪtʃeskɪ skat]
moreia (f)	мурена	[muren]
piranha (f)	пиранья	[pɪranj]

tubarão (m)	гlоркхма	[ɣɔrqm]
golfinho (m)	дельфин	[deljfɪn]
baleia (f)	кит	[kɪt]

caranguejo (m)	краб	[krab]
medusa, alforreca (f)	медуза	[meduz]
polvo (m)	бархlкогберг	[barh'kɔgberg]

estrela-do-mar (f)	хlордан седа	[h'ɔrdan sed]
ouriço-do-mar (m)	хlордан зу	[h'ɔrdan zu]
cavalo-marinho (m)	хlордан говр	[h'ɔrdan gɔvr]

ostra (f)	устрица	[ustrɪts]
camarão (m)	креветка	[krewetk]
lavagante (m)	омар	[ɔmar]
lagosta (f)	лангуст	[langust]

92. Amfíbios. Répteis

serpente, cobra (f)	лаьхьа	[læh]
venenoso	дlаьвше	[d'ævʃ]

víbora (f)	лаьхьа	[læh]
cobra-capelo, naja (f)	кобра	[kɔbr]
pitão (m)	питон	[pɪtɔn]
jiboia (f)	саьрмикъ	[særmɪqʔ]
cobra-de-água (f)	вотангар	[vɔtangar]

| cascavel (f) | шов ден лаьхьа | [ʃɔv den læh] |
| anaconda (f) | анаконда | [anakɔnd] |

lagarto (m)	моьлкъа	[mølqʔ]
iguana (f)	игуана	[ɪguan]
varano (m)	варан	[varan]
salamandra (f)	саламандра	[salamandr]
camaleão (m)	хамелион	[hamelɪɔn]
escorpião (m)	скорпион	[skɔrpɪɔn]

tartaruga (f)	уьнтlапхьид	[ʉnt'aphɪd]
rã (f)	пхьид	[phɪd]
sapo (m)	бецан пхьид	[betsan phɪd]
crocodilo (m)	саьрмикъ	[særmɪqʔ]

93. Insetos

inseto (m)	сагалмат	[sagalmat]
borboleta (f)	полла	[pɔll]
formiga (f)	зингат	[zɪngat]
mosca (f)	моза	[mɔz]
mosquito (m)	чуьрк	[tʃʉrk]
escaravelho (m)	чхьаьвриг	[tʃhævrɪg]

vespa (f)	зlуга	[z'ug]
abelha (f)	накхармоза	[naqarmɔz]
zangão (m)	бумбари	[bumbarɪ]
moscardo (m)	тlод	[t'ɔd]

| aranha (f) | гезг | [gezg] |
| teia (f) de aranha | гезгмаша | [gezgmaʃ] |

libélula (f)	шайтlанан дин	[ʃajt'anan dɪn]
gafanhoto-do-campo (m)	цlаьпцалг	[ts'æptsalg]
traça (f)	полла	[pɔll]

barata (f)	чхьаьвриг	[tʃhævrɪg]
carraça (f)	веччалг	[wetʃalg]
pulga (f)	сагал	[sagal]
borrachudo (m)	пхьажбуург	[phaʒbu'urg]

gafanhoto (m)	цlоз	[ts'ɔz]
caracol (m)	этмаьиг	[ɛtmæ'ɪg]
grilo (m)	цаьпцалг	[tsæptsalg]
pirilampo (m)	бумбари	[bumbarɪ]
joaninha (f)	дедо	[dedɔ]
besouro (m)	бумбари	[bumbarɪ]

sanguessuga (f)	цlубдар	[ts'ubdar]
lagarta (f)	нlаьвцициг	[n'ævtsɪtsɪg]
minhoca (f)	нlаьна	[n'æn]
larva (f)	нlаьна	[n'æn]

FLORA

94. Árvores

árvore (f)	дитт	[dɪtt]
decídua	гӏаш долу	[ɣɑʃ dɔlu]
conífera	баганан	[bagɑnɑn]
perene	гуттар сийна	[guttɑr sɪːn]
macieira (f)	lаж	[ˈɑʒ]
pereira (f)	кхор	[qɔr]
cerejeira, ginjeira (f)	балл	[ball]
ameixeira (f)	хьач	[hɑtʃ]
bétula (f)	дакх	[dɑq]
carvalho (m)	наж	[nɑʒ]
tília (f)	хьех	[heh]
choupo-tremedor (m)	мах	[mɑh]
bordo (m)	къахк	[qʔɑhk]
espruce-europeu (m)	база	[bɑz]
pinheiro (m)	зез	[zez]
alerce, lariço (m)	бага	[bag]
abeto (m)	пихта	[pɪht]
cedro (m)	кедр	[kedr]
choupo, álamo (m)	талл	[tall]
tramazeira (f)	датта	[dɑtt]
salgueiro (m)	дак	[dɑk]
amieiro (m)	маъ	[mɑʔ]
faia (f)	поп	[pɔp]
ulmeiro (m)	муьшдечиг	[mʉʃdetʃɪg]
freixo (m)	къахьашту	[qʔɑhɑʃtu]
castanheiro (m)	каштан	[kɑʃtɑn]
magnólia (f)	магноли	[mɑgnɔlɪ]
palmeira (f)	пальма	[paljm]
cipreste (m)	кипарис	[kɪpɑrɪs]
mangue (m)	мангрови дитт	[mɑngrɔwɪ dɪtt]
embondeiro, baobá (m)	баобаб	[baɔbɑb]
eucalipto (m)	эквалипт	[ɛkvɑlɪpt]
sequoia (f)	секвойя	[sekvɔj]

95. Arbustos

arbusto (m)	колл	[kɔll]
arbusto (m), moita (f)	колл	[kɔll]

| videira (f) | кемсаш | [kemsaʃ] |
| vinhedo (m) | кемсийн беш | [kemsɪːn beʃ] |

framboeseira (f)	цен комар	[ts'en kɔmar]
groselheira-vermelha (f)	цен кхезарш	[ts'en qezarʃ]
groselheira (f) espinhosa	кӀудалгаш	[k'udalgaʃ]

acácia (f)	акаци	[akatsɪ]
bérberis (f)	муьстарг	[mʉstarg]
jasmim (m)	жасмин	[ʒasmɪn]

junípero (m)	жӀолам	[ʒ'ɔlam]
roseira (f)	розанийн кол	[rɔzanɪːn kɔl]
roseira (f) brava	хьармак	[harmak]

96. Frutos. Bagas

fruta (f)	стом	[stɔm]
frutas (f pl)	стоьмаш	[stømaʃ]
maçã (f)	Ӏаж	['aʒ]

| pera (f) | кхор | [qɔr] |
| ameixa (f) | хьач | [hatʃ] |

morango (m)	цӀазам	[ts'azam]
ginja, cereja (f)	балл	[ball]
uva (f)	кемсаш	[kemsaʃ]

framboesa (f)	цен комар	[ts'en kɔmar]
groselha (f) preta	Ӏаьржа кхезарш	['ærʒ qezarʃ]
groselha (f) vermelha	цен кхезарш	[ts'en qezarʃ]

| groselha (f) espinhosa | кӀудалгаш | [k'udalgaʃ] |
| oxicoco (m) | клюква | [klʉkv] |

laranja (f)	апельсин	[apeljsɪn]
tangerina (f)	мандарин	[mandarɪn]
ananás (m)	ананас	[ananas]

| banana (f) | банан | [banan] |
| tâmara (f) | хурма | [hurm] |

limão (m)	лимон	[lɪmɔn]
damasco (m)	туьрк	[tʉrk]
pêssego (m)	гӀаммагӀа	[ɣammaɣ]

| kiwi (m) | киви | [kɪwɪ] |
| toranja (f) | грейпфрут | [grejpfrut] |

baga (f)	цӀазам	[ts'azam]
bagas (f pl)	цӀазамаш	[ts'azamaʃ]
arando (m) vermelho	брусника	[brusnɪk]
morango-silvestre (m)	пхьагал-цӀазам	[phagal ts'azam]
mirtilo (m)	Ӏаьржа балл	['ærʒ ball]

97. Flores. Plantas

flor (f)	зезеаг	[zezeag]
ramo (m) de flores	курс	[kurs]
rosa (f)	роза	[rɔz]
tulipa (f)	алцlензlам	['alts'enz'am]
cravo (m)	гвоздика	[gvɔzdɪk]
gladíolo (m)	гладиолус	[gladɪɔlus]
centáurea (f)	сендарг	[sendarg]
campânula (f)	тухтати	[tuhtatɪ]
dente-de-leão (m)	баппа	[bapp]
camomila (f)	кlайдарг	[k'ajdarg]
aloé (m)	алоэ	[alɔɛ]
cato (m)	кактус	[kaktus]
fícus (m)	фикус	[fɪkus]
lírio (m)	лили	[lɪlɪ]
gerânio (m)	герань	[geranj]
jacinto (m)	гиацинт	[gɪatsɪnt]
mimosa (f)	мимоза	[mɪmɔz]
narciso (m)	нарцисс	[nartsɪss]
capuchinha (f)	настурция	[nasturtsɪ]
orquídea (f)	орхидей	[ɔrhɪdej]
peónia (f)	цlен лерг	[ts'en lerg]
violeta (f)	тобалкх	[tɔbalq]
amor-perfeito (m)	анютийн блаьргаш	['anʉtɪːn b'ærgaʃ]
não-me-esqueças (m)	незабудка	[nezabudk]
margarida (f)	маргаритка	[margarɪtk]
papoula (f)	петlамат	[pet'amat]
cânhamo (m)	кlомал	[k'ɔmal]
hortelã (f)	lаждарбуц	['aʒdarbuts]
lírio-do-vale (m)	чlерlардиган кlа	[tʃ'eɣardɪgan k'a]
campânula-branca (f)	лайн зезаг	[lajn zezag]
urtiga (f)	нитташ	[nɪttaʃ]
azeda (f)	муьстарг	[mʉstarg]
nenúfar (m)	кувшинка	[kuvʃɪnk]
feto (m), samambaia (f)	чураш	[tʃuraʃ]
líquen (m)	корсам	[kɔrsam]
estufa (f)	оранжерей	[ɔranʒerej]
relvado (m)	бешмайда	[beʃmajd]
canteiro (m) de flores	хас	[has]
planta (f)	орамат	[ɔramat]
erva (f)	буц	[buts]
folha (f) de erva	бецан хелиг	[betsan helɪg]

folha (f)	rla	[ɣa]
pétala (f)	жаз	[ʒaz]
talo (m)	гlодам	[ɣɔdam]
tubérculo (m)	орамстом	[ɔramstɔm]

broto, rebento (m)	зiийдиг	[zˈɪːdɪg]
espinho (m)	кlохцал	[kˈɔhtsal]

florescer (vi)	заза даккха	[zaz dakq]
murchar (vi)	марrlалдола	[marɣaldɔl]
cheiro (m)	хьожа	[hɔʒ]
cortar (flores)	дlахадо	[dˈahadɔ]
colher (uma flor)	схьадаккха	[shadakq]

98. Cereais, grãos

grão (m)	буьртиг	[bʉrtɪg]
cereais (plantas)	буьртиган ораматаш	[bʉrtɪgan ɔramataʃ]
espiga (f)	кан	[kan]

trigo (m)	кla	[kˈa]
centeio (m)	божан	[bɔʒan]
aveia (f)	сула	[sul]
milho-miúdo (m)	борц	[bɔrts]
cevada (f)	мукх	[muq]

milho (m)	хьаьжкla	[hæʒkˈ]
arroz (m)	дуга	[dug]
trigo-sarraceno (m)	цlен дуга	[tsˈen dug]

ervilha (f)	кхоьш	[qøʃ]
feijão (m)	кхоь	[qø]
soja (f)	кхоь	[qø]
lentilha (f)	хьоьзийн кхоьш	[hⱺzɪːn qøʃ]
fava (f)	кхоьш	[qøʃ]

PAÍSES DO MUNDO

99. Países. Parte 1

Afeganistão (m)	Афганистан	[afganɪstan]
África do Sul (f)	ЮАР	[juar]
Albânia (f)	Албани	[albanɪ]
Alemanha (f)	Германи	[germanɪ]
Arábia (f) Saudita	Саудовски Арави	[saudɔvskɪ arawɪ]
Argentina (f)	Аргентина	[argentɪn]
Arménia (f)	Армени	[armenɪ]
Austrália (f)	Австрали	[avstralɪ]
Áustria (f)	Австри	[avstrɪ]
Azerbaijão (m)	Азербайджан	[azerbajdʒan]
Bahamas (f pl)	Багамахойн гӀайренаш	[bagamahojn ɣajrenaʃ]
Bangladesh (m)	Бангладеш	[bangladeʃ]
Bélgica (f)	Бельги	[beljgɪ]
Bielorrússia (f)	Беларусь	[belarusʲ]
Bolívia (f)	Боливи	[bɔlɪwɪ]
Bósnia e Herzegovina (f)	Босни е Герцоговина е	[bɔsnɪ e gertsɔgɔwɪnə 2e]
Brasil (m)	Бразили	[brazɪlɪ]
Bulgária (f)	Болгари	[bɔlgarɪ]
Camboja (f)	Камбоджа	[kambɔdʒ]
Canadá (m)	Канада	[kanad]
Cazaquistão (m)	Казахстан	[kazahstan]
Chile (m)	Чили	[t͡ʃɪlɪ]
China (f)	Китай	[kɪtaj]
Chipre (m)	Кипр	[kɪpr]
Colômbia (f)	Колумби	[kɔlumbɪ]
Coreia do Norte (f)	Къилбаседера Корея	[qʔɪlbaseder kɔrej]
Coreia do Sul (f)	Къилбера Корея	[qʔɪlber kɔrej]
Croácia (f)	Хорвати	[horvatɪ]
Cuba (f)	Куба	[kub]
Dinamarca (f)	Дани	[danɪ]
Egito (m)	Мисар	[mɪsar]
Emirados Árabes Unidos	Цхьаьнакхеттачу Iаьрбийн Эмираташ	[tshænaqettat͡ʃu ʔærbiːn ɛmɪrataʃ]
Equador (m)	Эквадор	[ɛkvadɔr]
Escócia (f)	Шотланди	[ʃɔtlandɪ]
Eslováquia (f)	Словаки	[slɔvakɪ]
Eslovénia (f)	Словени	[slɔwenɪ]
Espanha (f)	Испани	[ɪspanɪ]
Estados Unidos da América	Америкин Цхьаьнакхетта Штаташ	[amerɪkɪn tshænaqett ʃtataʃ]
Estónia (f)	Эстони	[ɛstɔnɪ]

| Finlândia (f) | Финлянди | [fɪnljandɪ] |
| França (f) | Франци | [frantsɪ] |

100. Países. Parte 2

Gana (f)	Гана	[gan]
Geórgia (f)	Грузи	[gruzɪ]
Grã-Bretanha (f)	Великобритани	[welɪkobrɪtanɪ]
Grécia (f)	Греци	[gretsɪ]
Haiti (m)	Гаити	[gaɪtɪ]
Hungria (f)	Венгри	[wengrɪ]
Índia (f)	Инди	[ɪndɪ]

Indonésia (f)	Индонези	[ɪndɔnezɪ]
Inglaterra (f)	Ингалс	[ɪngals]
Irão (m)	Иран	[ɪran]
Iraque (m)	Ирак	[ɪrak]
Irlanda (f)	Ирланди	[ɪrlandɪ]
Islândia (f)	Исланди	[ɪslandɪ]
Israel (m)	Израиль	[ɪzraɪlj]

Itália (f)	Итали	[ɪtalɪ]
Jamaica (f)	Ямайка	[jamajk]
Japão (m)	Япони	[japɔnɪ]
Jordânia (f)	Иордани	[ɪordanɪ]
Kuwait (m)	Кувейт	[kuvejt]

| Laos (m) | Лаос | [laɔs] |
| Letónia (f) | Латви | [latwɪ] |

Líbano (m)	Ливан	[lɪvan]
Líbia (f)	Ливи	[lɪwɪ]
Liechtenstein (m)	Лихтенштейн	[lɪhtenʃtejn]
Lituânia (f)	Литва	[lɪtv]
Luxemburgo (m)	Люксембург	[lʉksemburg]

| Macedónia (f) | Македони | [makedɔnɪ] |
| Madagáscar (m) | Мадагаскар | [madagaskar] |

Malásia (f)	Малази	[malazɪ]
Malta (f)	Мальта	[maljt]
Marrocos	Марокко	[marɔkkɔ]
México (m)	Мексика	[meksɪk]
Myanmar (m), Birmânia (f)	Мьянма	[mjanm]

| Moldávia (f) | Молдова | [mɔldov] |
| Mónaco (m) | Монако | [mɔnakɔ] |

Mongólia (f)	Монголи	[mɔngɔlɪ]
Montenegro (m)	Черногори	[tʃernɔgɔrɪ]
Namíbia (f)	Намиби	[namɪbɪ]
Nepal (m)	Непал	[nepal]
Noruega (f)	Норвеги	[nɔrwegɪ]
Nova Zelândia (f)	Керла Зеланди	[kerl zelandɪ]

101. Países. Parte 3

Países (m pl) Baixos	Нидерланды	[nɪderlandɪ]
Palestina (f)	Палестина	[palestɪn]
Panamá (m)	Панама	[panam]
Paquistão (m)	Пакистан	[pakɪstan]
Paraguai (m)	Парагвай	[paragvaj]
Peru (m)	Перу	[peru]
Polinésia Francesa (f)	Французийн Полинези	[frantsuzɪːn polɪnezɪ]

Polónia (f)	Польша	[polɪʃ]
Portugal (m)	Португали	[portugalɪ]
Quénia (f)	Кени	[kenɪ]
Quirguistão (m)	Кыргызстан	[kɪrgɪzstan]
República (f) Checa	Чехи	[tʃehɪ]
República (f) Dominicana	Доминиканхойн республика	[domɪnɪkanhojn respublɪk]
Roménia (f)	Румыни	[rumɪnɪ]

Rússia (f)	Росси	[rossɪ]
Senegal (m)	Сенегал	[senegal]
Sérvia (f)	Серби	[serbɪ]
Síria (f)	Сири	[sɪrɪ]
Suécia (f)	Швеци	[ʃwetsɪ]
Suíça (f)	Швейцари	[ʃwejtsarɪ]
Suriname (m)	Суринам	[surɪnam]

Tailândia (f)	Таиланд	[taɪland]
Taiwan (m)	Тайвань	[tajvanj]
Tajiquistão (m)	Таджикистан	[tadʒɪkɪstan]
Tanzânia (f)	Танзани	[tanzanɪ]
Tasmânia (f)	Тасмани	[tasmanɪ]
Tunísia (f)	Тунис	[tunɪs]
Turquemenistão (m)	Туркменистан	[turkmenɪstan]

Turquia (f)	Турци	[turtsɪ]
Ucrânia (f)	Украина	[ukraɪn]
Uruguai (m)	Уругвай	[urugvaj]
Uzbequistão (f)	Узбекистан	[uzbekɪstan]
Vaticano (m)	Ватикан	[vatɪkan]
Venezuela (f)	Венесуэла	[wenesuɛl]
Vietname (m)	Вьетнам	[vjetnam]
Zanzibar (m)	Занзибар	[zanzɪbar]